포토샵 마스터 클래스

만들면서 배우는 포토샵 입문

생능북스

포토샵 마스터 클래스

만들면서 배우는 포토샵 입문

초판인쇄 2023년 1월 25일
초판발행 2023년 2월 1일

지은이 | 정규민, 반병현
펴낸이 | 김승기
펴낸곳 | ㈜생능출판사 / **주소** 경기도 파주시 광인사길 143
브랜드 | 생능북스
출판사 등록일 | 2005년 1월 21일 / **신고번호** 제406-2005-000002호
대표전화 | (031) 955-0761 / **팩스** (031) 955-0768
홈페이지 | www.booksr.co.kr

책임편집 | 유제훈 / **편집** 신성민, 이종무, 김민보
마케팅 | 최복락, 김민수, 심수경, 차종필, 백수정, 송성환, 최태웅, 명하나
인쇄 | 교보피앤비
제본 | 일진제책사

ISBN 978-89-7050-676-0 13000
값 22,000원

여러분은 이 책을 통해 몇 번의 클릭만으로 멋진 아트워크를 만들게 됩니다.

이 책의 예제들은 제가 다년간 포토샵 작업을 해오면서 활용 빈도가 높았던 기능들을 활용하여 아트워크를 만들면서 배우도록 구성되어 있습니다. 포토샵이 보유하고 있는 기능들을 모두 클리어해간다는 느낌이 아닌, 실전에 필요한 기능과 기본기만으로 어떤 상황에서도 대응할 수 있는 바탕을 만들고자 했습니다. 예제들은 난도가 너무 높지 않아 접근하기 쉬우면서도 가볍지 않은 밀도의 작업으로 구성되어 있습니다. 그리고 이를 응용해 더욱 디테일한 작업에 도전할 수 있는 자신감도 얻을 것입니다.

쉬운 난도부터 점진적으로 익혀나가고 배운 기능을 적재적소에 활용하여 넣을 수 있도록 한 가지 방식을 고집하지 않은 자유도 높은 방식도 이 책의 장점입니다.

업계에서 주로 쓰는 용어에 대한 설명과 더불어 인쇄와 같이 알아두면 정말 좋은 내용들도 추가했습니다. 아트워크를 통해 배운 기능들을 응용해 실전 예제를 만들어가면 점점 자신감을 키워갈 수 있을 것입니다.

이 책은 단순히 포토샵 기능 습득을 위한 책이 아닙니다. 한 가지 요리를 잘하면 여러 방면에 응용해 다른 요리도 잘 할 수 있는 것처럼, 포토샵의 기본기가 탄탄하게 잡힐 수 있도록 정리했습니다. 독자 여러분이 이 책의 내용을 배우고 나면 만들고 싶은 이미지가 있을 때 스스로 생각하고 배운 것을 충분히 활용할 수 있을 것입니다.

저자 일동

01 학습주제와 학습목표를 확인
합니다.

02 학습에 필요한 준비물을 확인
합니다.

03 도구의 사용 방법을 알아봅니다.

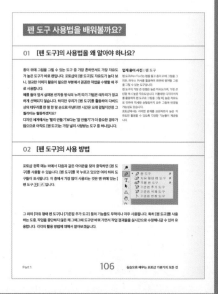

04 도구를 활용하여 결과물을 만들어봅니다.

05 **Designer's Comment!**
앞에서 학습한 기초를 바탕으로 가상의 디자이너가 되어 고객의 요구사항을 해결해봅니다.

06 **Designer's Advise!**
저자가 제시한 내용을 독자 스스로 고민하면서 문제를 해결한다면 실력을 업그레이드할 수 있습니다.

포토샵
소개

포토샵이란?

포토샵은 이미지 편집 작업을 빠르고 정교하게 할 수 있는 그래픽 편집 프로그램입니다. '포토(사진)+샵'이라는 이름처럼 기본적인 용도는 이미지의 편집입니다. 하지만 실제로는 다양한 용도로 사용되고 있습니다.

포토샵은 다음과 같은 용도에 사용돼요.

❶ 이미지의 편집

포토샵의 가장 막강한 기능은 이미지에 효과를 주는 작업입니다. 보정과 합성 등의 작업을 할 수 있습니다.

❷ 인쇄물 디자인

책 표지, 영화 포스터, 제품 디자인, 홍보 전단지, 제품 브로슈어 등을 디자인하는 데 사용됩니다.

❸ 웹/앱 디자인

버튼, 메인 이미지, 배경 이미지 등을 디자인할 수 있습니다.

❹ 문자 디자인

'타이포그래피'라고도 합니다. 문자를 이용해 특별한 디자인 요소를 만듭니다.

포토샵 VS 일러스트레이터

포토샵은 일반적으로 사진(비트맵 이미지)을 다루는 프로그램입니다. 기존의 사진을 합성하거나 보정하는 기능들을 다루고 있습니다.

일러스트레이터는 도형 및 선들을 활용하여 새로운 것(벡터 이미지)을 만들어내는 프로그램입니다. 도형을 자르고 합치거나 변형하는 기능들이 포함되어 있습니다.

결론적으로 포토샵은 사진을 보정하거나 사진을 활용하여 결과물을 만들 때 사용되고, 일러스트레이터는 로고 또는 캐릭터를 제작과 같이 사진이 들어가지 않는 작업을 할 때 주로 사용됩니다.

예제 파일 안내

본문에서 사용할 예제 파일은 도서 홈페이지나 생능출판사 홈페이지에서 다운로드할 수 있습니다.

❶ 도서 홈페이지(https://needleworm.github.io/psd)를 방문 후 예제 파일 다운로드

❷ 생능출판사 홈페이지(https://booksr.co.kr/)에서 '포토샵'으로 검색
→ 해당 도서명을 찾아 클릭 → [보조자료]에서 다운로드

정규민 저자의 아트워크

책에 있는 예제는 아니지만 저자가 만든 디자인 작업물들을 살펴보고 영감을 얻을 수 있어요!

https://www.behance.net/jgyumin93/projects

이 책의 독자를 위한 혜택 with inflearn

이 책을 구매하신 독자에 한하여 인프런을 통한 저자 직강의 온라인 강의 수강을 위한 할인쿠폰을 제공합니다.

COUPON 할인쿠폰 **70%**

* 쿠폰 사용법 안내

https://www.inflearn.com/coupons

* 2023년 1월 말 오픈 예정입니다. 자세한 내용은 아래 주소를 방문해주세요.
https://needleworm.github.io/psd/soon

포토샵 체험판 설치

포토샵 정품 프로그램을 구매하기 전에 7일간 무료로 사용이 가능한 체험판 프로그램을 사용할 수 있습니다. 포토샵 공식 사이트인 어도비 사 홈페이지에서 다운로드 후 사용할 수 있습니다. 다만 설치 후 7일이 지나면 자동으로 결재가 진행되므로 구매할 의사가 없다면 반드시 기간 내에 구독을 취소하세요. 체험판 프로그램 설치 절차를 안내하겠습니다.

01 웹브라우저의 주소창에 어도비 사 홈페이지 주소(https://www.adobe.com/kr/)를 입력하거나 구글에서 '어도비'라고 검색하여 아래 홈페이지를 방문합니다.

02 상단 메뉴 중 [크리에이비티 및 디자인] 메뉴를 클릭한 후 주요 제품에서 [Photoshop]을 클릭합니다.

03 좌측 하단의 [무료 체험판] 버튼을 클릭합니다.

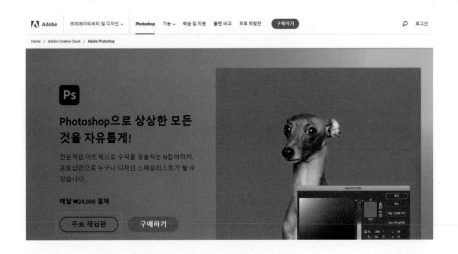

04 [개인 사용자용]을 선택한 후 [계속] 버튼을 클릭합니다.

05 다시 [계속] 버튼을 클릭합니다.

06 [월간 구독]을 선택한 후 다시 [계속] 버튼을 클릭합니다.

07 [아니오] 버튼을 클릭합니다.

08 본인의 이메일 주소를 입력한 후 필수사항 동의에 체크합니다. 다시 [계속] 버튼을 클릭합니다.

09 본인의 신용카드 정보를 입력한 후 [무료 체험기간 시작] 버튼을 클릭합니다. 무료 체험 기간 종료 이진에는 결재되지 않습니다.

10 드디어 등록이 완료되었습니다. [시작하기] 버튼을 클릭합니다.

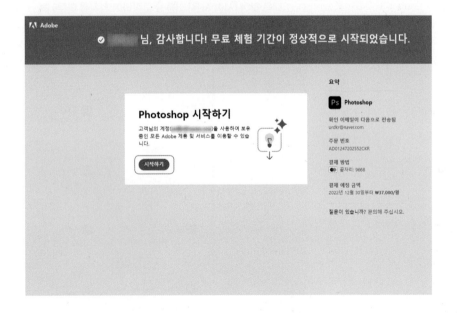

포토샵 체험판 설치

11 자동으로 포토샵 체험판 프로그램이 다운로드됩니다. 좌측 하단의 설치 파일을 클릭하여 프로그램을 설치합니다.

12 설치된 Creative Clould Desktop 프로그램을 실행하여 [모든 앱] 메뉴에서 Photoshop 프로 그램을 찾아 [시험 사용] 버튼을 클릭하여 설치를 마무리하고 포토샵 프로그램을 실행합니다.

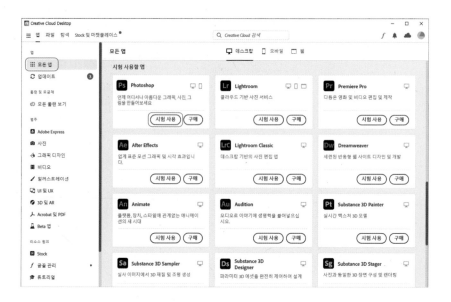

학습 계획표

일정	학습내용	진행
1일 차	Chapter 01. 다비드상과 함께하는 누끼 따기 기초	☐
	Chapter 02. 초고속으로 움직이는 유령 다비드상 만들기	
2일 차	Chapter 03. 클럽에 간 다비드상	☐
	Chapter 04. 자연을 품은 다비드상 합성	
3일 차	Chapter 05. 다비드상 픽셀아트 합성	☐
	Chapter 06. 다비드상에 홍대 패션 합성	
4일 차	Chapter 07. 다비드상에 선글라스 합성	☐
	Chapter 08. 얼굴 사진 보정	
5일 차	Chapter 09. 전신사진 보정	☐
	Chapter 10. 에코백 수전사 염색 합성	
6일 차	Chapter 11. 책상 위 카페 라떼 합성	☐
	Chapter 12. 제품 색상 변경 합성	
7일 차	Chapter 13. 텍스트 배너 만들기	☐
	Chapter 14. 인스타그램용 광고 이미지 제작	
8일 차	Chapter 15. 현실의 배경에 제품 이미지 합성	☐
	Chapter 16. 제품 판매용 광고 콘텐츠 제작	
9일 차	Chapter 17. 엽서와 인쇄 예시 목업 제작하기	☐
	Chapter 18. 추억 속 그녀를 지워주세요	
10일 차	Chapter 19. 냉탕에 상어가 살거라 믿었지	☐
	Chapter 20. 사바나 사자, 하와이로 휴가를 떠나다	
11일 차	Chapter 21. 포토샵으로 시간 여행을 떠나요	☐
	Chapter 22. 서핑하는 바나나 오리	
12일 차	Chapter 23. 몽환의 숲	☐
	부록. 선배가 알려주는 포트폴리오 관리 노하우	

차례

Part 1 실습으로 배우는 포토샵 기본기의 모든 것

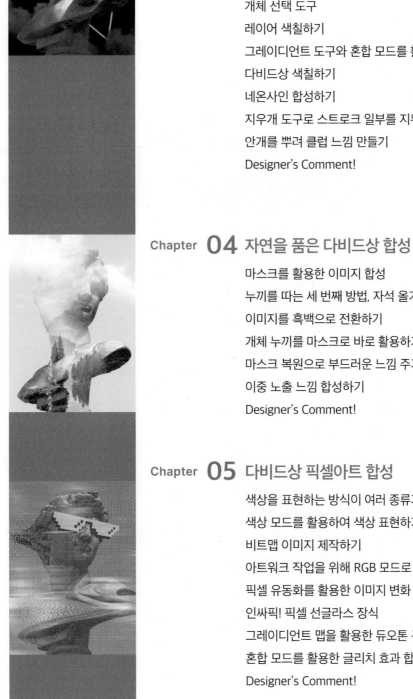

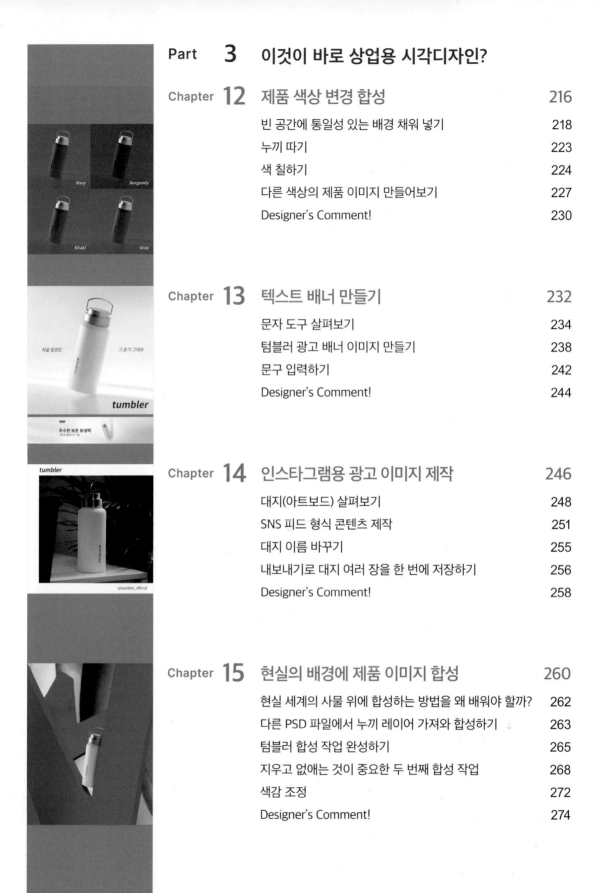

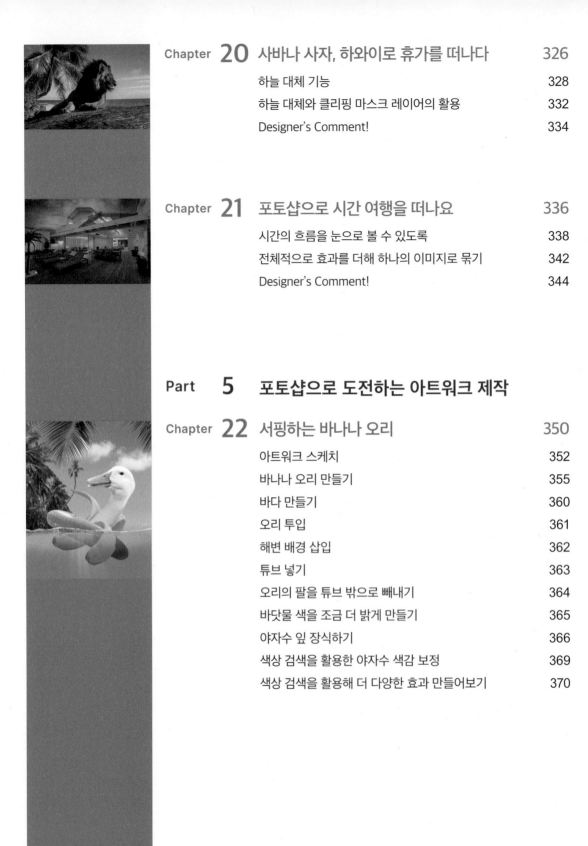

1

실습으로 배우는
포토샵 기본기의 모든 것

다비드상과
함께하는
누끼 따기 기초

Chapter

01

학습 목표

1. 사진에서 주요 객체의 누끼를 따는 방법을 배워 본다.
2. 누끼를 딴 이미지를 다른 레이어 위에 합성하는 방법을 배워 본다.
3. 조정 레이어의 개념과 사용 방법을 배워 본다.

Contents	<제1장 다비드상과 함께하는 누끼 따기 기초> 폴더를 열어주세요.
	David_Wall.psd
Source	David_base.png, Wall.jpg
Extra	extra.jpg, extra.psd

누끼를 따는 방법을 왜 배워야 하나요?

어릴 적 백과사전을 본 기억이 있을 것입니다. 눈을 감고 천천히 한번 기억을 되짚어보기 바랍니다. 어떤가요? 그림은 몇 개 떠오를지언정 글자는 거의 기억나지 않지요? 이처럼 이미지는 글자보다 더욱 강렬한 인상을 전달할 수 있는 수단입니다. 글자보다 사진이 메인인 인스타그램이 SNS 업계를 평정한 것도 같은 이유예요.

그렇다면 이미지에 포함된 메시지를 부각하려면 어떻게 해야 할까요? 이미지에 포함된 주요 오브젝트만 남기고 배경을 모두 지워버리면 더 효과적이지 않을까요? 이처럼 누끼는 이미지를 시각적으로 명확히 보여주면서 더욱 강력하게 의미를 전달할 수 있는 유용한 기법입니다.

누끼는 그 자체로도 유용하지만, 앞으로 배울 다양한 합성 기법의 기본기가 되기도 합니다. 지금부터 누끼를 따는 방법을 배워볼까요?

업계 용어 사전 | 누끼

누끼는 '제거, 제외' 등의 의미를 가진 일본어 'ぬき'에서 유래한 용어입니다. 사진이나 그림에서 불필요한 배경을 제거하거나 지워내어, 특정 오브젝트만 남겨둔 상태를 의미합니다.

업계에서는 사진의 배경을 제거하는 행위를 속칭 '누끼를 따다'라고 합니다.

01 소스 불러오기

포토샵을 실행하고 메뉴에서 [열기 Ctrl+O] 버튼을 클릭합니다. 이어 탐색 창에서 예제의 <Source> 폴더로 들어가 'David_base.png' 파일을 선택하고 [열기] 버튼을 누릅니다.

위의 과정이 번거롭다면 파일을 드래그(drag)하여 포토샵 작업 창 위로 드롭(drop)해도 좋습니다.

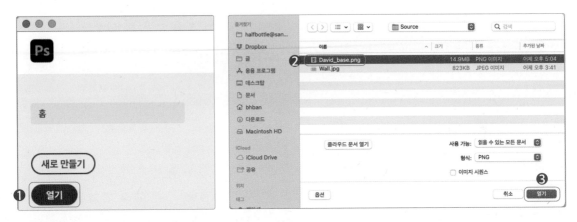

* 본문에 수록된 일부 그림들은 맥OS 버전의 포토샵 프로그램이라서 화면이 조금 다를 수 있습니다. 다만 윈도우 버전이라 도 프로그램 사용법에 큰 차이나 본문 내용을 이해하는 데 어려움은 없습니다.

소스 불러오기가 완료되었습니다!

02 레이어 잠금 해제

포토샵에서 외부 사진을 불러오면, 기본값으로 화면 우측 하단에 있는 레이어 패널에 자물쇠 아이콘이 보입니다. 이 상태에서는 해당 레이어의 편집이 제한됩니다. 이 자물쇠 아이콘을 클릭하여 해제하기를 바랍니다. 이 과정에서 '배경'이라 기재되어 있던 이름이 '레이어 0'으로 변경됩니다.

 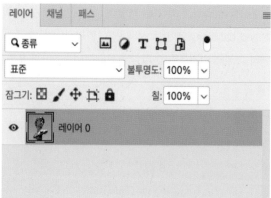

이어서 '레이어 0'이라고 기재된 레이어 이름을 더블 클릭하면 레이어 이름을 변경할 수 있습니다. 레이어 이름에 다시 '배경'이라고 입력한 다음 Enter↵ 키를 눌러 주세요.

이제 실습을 위한 준비가 끝났습니다!

포토샵에서 사진을 불러오는 방법을 배웠으므로 이후에는 상세한 실행 과정을 설명하는 대신, '포토샵을 실행하여 David_base.png 파일을 열어 주세요.' 정도로 간략히 설명하겠습니다.

업계 용어 사전 | 레이어

레이어(Layer)는 표면, 막, 층 등의 의미를 가진 영어 단어 layer에서 유래된 용어입니다.

얇고 투명한 필름 여러 장에 각각 그림을 그리고 이를 겹쳐 쌓으면 어떻게 될까요? 여러 그림이 겹치며 한 장의 이미지가 만들어지겠지요? 레이어는 이 필름과 같은 역할을 하는 도구입니다.

각각의 레이어에 별도의 이미지를 담아 쌓아 올리는 것으로 하나의 아름다운 디자인을 만들 수 있습니다. 대부분의 이미지 합성 기법은 원본 이미지 레이어 위에 새로운 내용을 담은 레이어를 쌓아 올리는 작업입니다.

빠른 선택 도구를 활용한 가장 쉬운 누끼 따기

포토샵에는 다양한 기능들이 탑재되어 있으므로, 누끼를 따는 방식도 굉장히 다양합니다. 오늘은 그중에서도 가장 쉬운 방법인 [빠른 선택 도구]를 활용한 방법을 알아보겠습니다.

추후 진도가 나가면서 점점 다양한 누끼 따기 기법을 연습해볼 것입니다. 여러분은 분리하려는 오브젝트의 색상, 형상의 복잡도, 누끼의 활용처에 따라 그때그때 알맞은 기법을 선택하여 사용하기 바랍니다.

01   [빠른 선택 도구]가 무엇인가요?

[빠른 선택 도구]는 이름 그대로 이미지를 빠르게 선택할 때 사용하는 도구입니다. [빠른 선택 도구]를 사용하여 이미지 일부를 클릭하면 포토샵에 탑재된 계산 시스템이 이 이미지를 분석하여, 인접한 영역에서 색상이 유사한 구역을 한꺼번에 묶어서 선택해줍니다.

모양이나 형태에 대한 정보는 분석하지 못하고 단순히 색상 정보만을 계산하여 영역을 선택하므로 우리가 분리하려는 오브젝트와 배경 사이에 명도, 선예도, 색상 등에 큰 차이가 있어 눈으로 보기에도 명확히 분리되는 수준일 때 사용하기 좋습니다. 단, 오브젝트의 경계면을 한 땀 한 땀 꼼꼼하게 지정하는 것이 아니라 단순히 색상 정보를 토대로 선택이 실행되므로 완벽한 방법은 아닙니다. 예각으로 좁게 튀어나오거나 움푹 들어간 영역은 뭉툭하게 잘려 나올 수 있습니다.

02   [빠른 선택 도구] 활성화 방법

좌측 메뉴 바를 살펴보며 다음과 같은 아이콘을 찾아봅니다. 기본 설정 포토샵 기준으로 위에서 네 번째 메뉴입니다. 이 메뉴를 꾹 누르고 있으면 오른쪽에 선택 도구 메뉴 창이 표시됩니다. 여기에서 [빠른 선택 도구 Shift+W+W] ☑ 를 선택하여 활성화합니다.

이후에는 키보드에서 W키를 누르기만 해도 [빠른 선택 도구]가 자동으로 활성화됩니다.

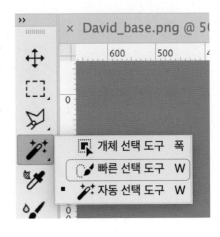

03   [빠른 선택 도구] 사용해보기

레이어를 선택하고 [빠른 선택 도구]를 활성화한 상태에서 다비드상의 왼쪽 배경 부근을 클릭해보세요.

▲ 원본

▲ 배경 선택 화면

우리가 선택한 영역과 그 주변 영역이 점선으로 표시되었습니다. 이 점선 내부의 영역이 선택된 영역입니다.

04   배경만 선택하기

하늘 배경 영역을 Shift +클릭하면 포토샵이 하늘색 영역을 추가로 선택하게 되며, 왼쪽의 사진처럼 흉상을 제외한
배경 부분만 점선으로 선택됩니다. 이 상태에서 키보드의 Back Space 키나 Delete 키를 누르면 배경이 삭제됩니다.
축하합니다! 누끼 따기에 성공했습니다!

01   선택 영역 반전

앞서 살펴본 방법으로 다비드상의 누끼를 따는 데 성공했습니다만, 부작용으로 원본 사진의 배경 정보가 완전히 삭제되어 버렸습니다. 만약 이런 방식으로 작업하다가 고객이나 회사의 중요한 데이터를 훼손하면 큰일이겠지요? 이번에는 배경을 삭제하는 것이 아니라, 다비드상 오브젝트만 따로 분리하여 복사하는 방식을 배워보겠습니다. Ctrl + Z[1]를 여러 번 눌러 다시 배경이 삭제되기 전의 상태로 돌아가기 바랍니다. 그리고 [빠른 선택 도구 W]를 활용하여 다시 배경만 선택해주세요.

이 상태에서 단축키 Ctrl + Shift + I[2]를 눌러 [선택 영역 반전] 기능을 실행합니다. 선택 영역의 안과 밖이 뒤집히며 다비드상만 선택되었습니다!

▲ 배경만 선택된 상태

▲ [선택 영역 반전] 실행 후 상태

---

1   맥OS의 경우 Command + Z

2   맥OS의 경우 Command + Shift + I

02 오브젝트 분리하기

키보드에서 Ctrl+J[3]를 누르면 왼쪽 사진처럼 선택 영역이 별도의 레이어로 분리되며 복제됩니다. 또는 Ctrl+C와 Ctrl+V를 차례로 눌러도 좋습니다. 다비드상의 누끼가 '레이어 1'에 저장되었습니다.

이를 확인하기 위하여 레이어 패널에서 '배경' 레이어 왼쪽의 눈 모양 아이콘을 클릭하여 해제하겠습니다. 여기에 눈 모양 아이콘이 표시되어 있지 않으면 좌측의 작업 화면에서 레이어의 내용물이 표시되지 않습니다.

▲ 레이어 패널　　　　　　　　　　　　　　　▲ 배경 레이어 보기 해제

짠! 원본 사진의 내용물을 훼손하지 않으면서 누끼만 별도의 레이어로 분리하는 데 성공했습니다!

3　맥OS의 경우 Command+J

누끼에 배경 합성하기

01 배경 파일 불러오기

<Source> 폴더 안에 있는 'Wall.jpg' 파일을 드래그하여 다비드상의 누끼 위로 드롭합니다. 아래와 같이 레이어 위에 콘크리트 벽 이미지가 삽입됩니다.

또는 [파일] > [연결 가져오기]를 선택해 이미지를 가져올 수도 있습니다.

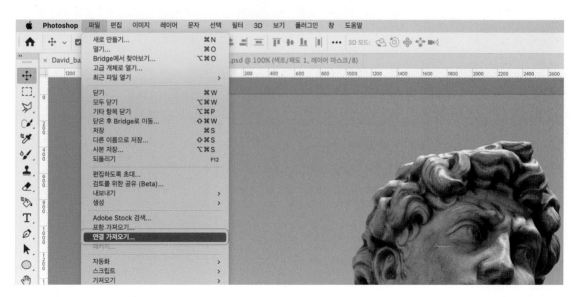

이미지를 가져오면 [자유 변형] 상태가 됩니다. 콘크리트 벽 이미지의 모서리 부분을 드래그하여 레이어를 모두 가릴 수 있을 정도로 확대한 뒤 Enter↵키를 누릅니다.

02 레이어 순서 변경하기

이어서 레이어 패널에서 'Wall' 레이어를 드래그하여 '레이어 1'의 아래쪽으로 내려줍니다. 포토샵은 아래쪽에 있는 레이어일수록 먼저 화면에 표시하고, 그 위에 위쪽 레이어를 덮어씌워 줍니다.

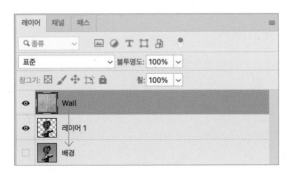

▲ 변경 전

▲ 변경 후

따라서 레이어의 순서를 바꾼 결과, 아래와 같이 콘크리트 벽 너머에 있던 다비드상이 벽 앞으로 이동하게 됩니다.

조정 레이어를 활용한 자연스러운 합성

그런데 조각상과 배경 사이의 색감 차이가 조금 부자연스러운 것 같습니다. 포토샵 고수들의 합성 작품들을 보면 합성인지 진짜인지도 모르겠던데 말이죠! 뭔가 더 비법이 있는 것이 틀림없습니다. 참고로 여기서 활용할 조정 레이어는 레이어 패널에서 조정 레이어 아래에 있는 모든 레이어에 적용되는 레이어입니다. 레이어 위에 두고 활용하는 만큼 이미지를 직접 조정하는 것이 아니라 원본 이미지의 색상과 톤을 보존하면서 편집이 가능합니다. 조정 레이어는 숨길 수 있으며, 마스크 기능이 있어 특정 부분만 적용이 가능합니다.

01 조정 레이어(색조/채도) 삽입

다비드 석상 누끼는 파란색 배경과 함께 있었습니다. 그래서일까요? 석상에 약간 푸른 빛이 묻어있습니다. 파란색 색감을 줄여서 좀 더 자연스럽게 누끼와 콘크리트 배경이 하나로 섞일 수 있도록 조정해보겠습니다.

다음 사진을 참고하여 '레이어 1'을 클릭하고, 이어서 하단의 [조정 레이어] ◐ 버튼을 클릭합니다.

이어 메뉴에서 [색조/채도]를 클릭합니다.

'레이어 1' 위에 '색조/채도' 레이어가 삽입되었습니다.

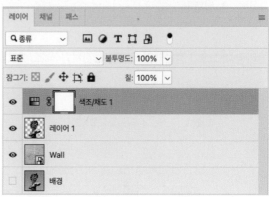

02   클리핑 마스크 지정

조정 레이어를 사용하면 이미지의 내용물을 편집할 수 있습니다. 우리가 선택한 '색조/채도' 레이어의 경우, 이미지의 색조와 채도를 수정하는 기능을 수행하고요.

그런데 조정 레이어를 삽입할 경우, 조정 레이어보다 아래에 위치한 모든 레이어가 영향을 받아 함께 변하게 됩니다. 우리는 석상의 색감만 조정하고 싶으므로 조정 레이어가 석상 바깥쪽 영역에 영향을 끼칠 수 없도록 제한할 필요가 있습니다.

이때 사용하는 기능이 '클리핑 마스크'입니다. 클리핑 마스크는 아래쪽 레이어의 영역만큼 해당 레이어(위쪽 레이어)를 보여주는 기능입니다. 클리핑 마스크를 지정할 경우 디자인 효과가 클리핑 마스크 내부에만 적용되고 바깥 영역에는 적용되지 않습니다. 따라서 조각상에 클리핑 마스크를 입혀주면 조정 레이어의 효과가 조각상에만 적용되겠지요? 클리핑 마스크 적용을 위해 '색조/채도' 레이어를 '레이어 1'의 바로 위쪽으로 드래그하기 바랍니다.

클리핑 마스크를 지정하는 방법은 두 가지가 있습니다. 첫째로 '색조/채도' 레이어를 마우스 오른쪽 버튼으로 클릭하여 [클리핑 마스크 만들기]를 클릭합니다. 둘째로 Alt 키[4]를 누른 채로 '색조/채도' 레이어 창의 아랫부분에 마우스를 가져가, 마우스 아이콘의 모양이 오른쪽 사진처럼 변했을 때 클릭하는 것입니다.

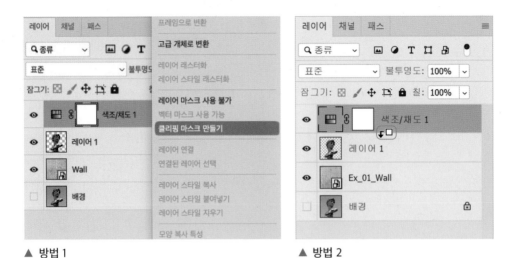

▲ 방법 1   ▲ 방법 2

클리핑 마스크가 적용되면 오른쪽 사진처럼 '색조/채도' 레이어의 아이콘 좌측에 화살표 마크가 활성화됩니다.

▲ 클리핑 마스크 적용 전   ▲ 클리핑 마스크 적용 후

---

4   맥OS의 경우 option 키

03 채도 조정

'색조/채도' 레이어를 클릭하면 다음 그림과 같은 속성 패널이 화면에 표시됩니다. 여기에서 색조, 채도, 명도를 조절할 수 있습니다.
푸른빛을 빼주기 위하여 [채도] 슬라이드를 왼쪽으로 이동시켜 -70으로 조절하겠습니다.

짜잔! 석상에서 푸른빛이 빠지면서 배경과 더욱 자연스럽게 섞이게 되었습니다!

▲ 채도 조절 전

▲ 채도 조절 후

수고 많으셨습니다! 객체가 삽입된 레이어 2개를 겹치는 것만으로도 간단한 합성이 가능합니다. 사진 합성에 있어서 누끼 따기가 기본인 이유를 아시겠지요? 우리가 알고 있는 사진 합성의 원리는 대부분 이와 크게 다르지 않습니다.

오브젝트를 배경과 합친 뒤에 색감을 조정하는 부분은 어떻게 보셨는지요? 아마 합성 과정에 색감 조정이 필요하다는 점 자체를 이번 기회에 처음 접하신 분들도 계시리라 생각합니다. 그리고 의외로 색감 조정에는 정해진 답이 있는 것이 아니라는 점에서도 당황하셨을 수 있겠네요.

색감 조정은 디자이너의 감각과 표현 의도에 의존합니다. 어떤 의도로 표현하느냐에 따라 표현 방식이 달라지게 되지요. 난색과 한색의 대비를 주느냐, 보색 대비를 활용하느냐, 색조 차이를 강하게 주느냐, 혹은 같은 톤의 빛을 조성하여 자연스러운 분위기를 조성하느냐 등 이 부분은 경험으로 채워 나가야 할 부분인 것 같습니다.

다만 합성은 이질적인 느낌을 제거하는 것이 중요하므로, 자연스러운 톤의 조성 방법을 먼저 익힌 뒤 다른 기법들을 차근차근 익혀나가도록 합시다.

Client's Quest!

올여름 신제품 홍보를 위한 포스터를 제작하려고 합니다.
시원한 바닷가 사진 위에 아이스크림용 와플 콘 이미지를 삽입해 주세요!

▲ Before

▲ After

클라이언트의 작업 요청이 들어왔네요! 시원한 바닷가 사진 위에 아이스크림 와플 콘 이미지를 삽입해 달라는 요청입니다. 새내기 디자이너인 우리도 업무를 쳐낼 수 있다고요!
클라이언트에게 받은 리소스는 <Extra> 폴더에 넣어뒀습니다. 와플 콘 사진의 누끼를 따서 바닷가 사진 위에 얹고, 색감 조정을 통하여 자연스럽지만 시원한 느낌을 강조하는 이미지를 제작하면 될 것 같네요.

후딱 끝내고 퇴근하자고요! 완성된 결과물은 저한테 사내 메일로 보내주세요! 저는 시간 맞춰서 먼저 인쇄소에 가 있을게요!

Designer's Advise!

이번 Chapter에서 배운 이미지 누끼 따기 기법을 활용하면 금방 해결할 수 있는 과제입니다. 겁먹지 말고 차근차근 작업을 해보기 바랍니다.

누끼 따기와 배경 합성은 가장 기초적인 기법이면서 가장 중요한 기본기입니다. 더 많은 연습을 원하신다면 픽사베이(https://pixabay.com)를 방문해보기 바랍니다. 픽사베이에서는 저작권이 없어 자유롭게 사용 가능한 이미지들을 대량으로 찾을 수 있습니다. 배경과 객체가 뚜렷하게 구분되는 이미지들을 다운로드하여 누끼를 따고, 그럴싸한 배경 위에 합성하고 색감을 조정하는 연습을 추가로 진행해보기 바랍니다.

초고속으로
움직이는 유령
다비드상 만들기

학습 목표

1. 필터를 활용해 이미지를 제작하는 방법을 배워본다.
2. PNG 포맷의 누끼 이미지를 레이어 위에 합성하는 방법을 배워본다.

Contents	<제2장 초고속으로 움직이는 유령 다비드상 만들기>
	폴더를 열어주세요.
	David_Wall.psd, David_Wall.jpg
Source	Brush.png
Extra	extra.psd, extra_1.jpg,
	extra_2.png, extra_3.jpg

필터를 사용해야 하는
이유는 무엇인가요?

스마트폰 앱에서 필터를 적용하면 손쉽고 빠르게 사진을 보정할 수 있습니다. 그 결과물은 무척이나 자연스럽고 아름다운 경우가 대부분이지요. 별다른 디자인 지식을 교육받지 않은 일반인들도 결과물을 눈으로 직접 보면서 간편하게 사진을 편집할 수 있습니다. 자연스러운 합성, 아름다운 디자인을 손쉽고 빠르게 제작할 수 있다는 말입니다. 이것이 우리가 필터의 사용 방법을 배워야 하는 가장 큰 이유입니다. 포토샵에도 다양한 필터 기능이 있습니다. 그중에서 활용도가 높은 필터들을 활용하는 방법을 배워보겠습니다!

업계 용어 사전 | 필터

필터(filter)는 일정한 규칙에 따라 원본 이미지를 변형해주는 도구를 의미합니다. 필터는 원본 이미지의 색감을 변조하는 용도로도 사용할 수 있지만, 포토샵에서는 훨씬 다양한 용도로 필터를 사용할 수 있습니다.

어떤 필터들이 자주 사용되나요?

[픽셀 유동화]와 [흐림 효과] 필터가 가장 자주 사용되는 편입니다.

[픽셀 유동화] 필터는 사진에서 얼굴을 인식하여 인상을 보정하는 용도로 사용할 수도 있습니다. 이름 그대로 픽셀을 이동시키면서 이미지를 늘이거나 줄이는 것도 가능하고요. 사용 방법이 비교적 간단하지만 무척 활용도가 높은 편의 필터입니다.

[흐림 효과] 필터는 이름 그대로 주변을 흐리게 만들어주는 기능을 수행합니다. 사진에서 멀리 있는 물체일수록 흐리게 표현하여 자연스러운 원근감을 조성할 수도 있으며, 누끼를 딴 물체의 가장자리를 부드럽게 흐려서 주변 배경과 자연스럽게 녹아들게 만들 수도 있습니다. 혹은 물체가 빠르게 움직이는 듯 잔상을 남기는 모션 블러 용도로도 사용 가능하고요.

이외에도 [노이즈], [픽셀화], [스타일화] 등 사진을 더 자연스럽게 합성하는 데 사용할 수 있는 유용한 필터들도 있습니다. 예제를 수행하면서 조금씩 자연스럽게 배워보자고요!

필터를 적용하는 방법을 배워볼까요?

01 실습 준비

필터를 적용하기 위하여 지난 장에서 제작한 예제를 포토샵에서 실행하기 바랍니다. 만약 별도로 파일을 저장해두지 않으셨다면 <제1장 다비드상과 함께하는 누끼 따기 기초> 폴더로 들어가 'David_Wall.psd' 파일을 포토샵에서 실행하세요.

다음과 같이 '레이어 1'과 '색조/채도' 레이어를 제외한 모든 레이어의 눈 모양 아이콘을 클릭하여 [숨김]으로 설정해 주세요. 혹시 '레이어 1'에 자물쇠 아이콘이 채워져 있다면 클릭하여 풀어주고요. 이제 필터를 연습해볼 준비가 모두 끝났습니다!

02 [스타일화] > [바람] 필터 적용하기

[바람] 필터를 적용하여 석상의 이미지가 풍화되어 날아가는 듯한 이미지를 만들어 보겠습니다.

레이어 패널에서 '레이어 1'을 선택한 뒤, 상단 메뉴 바에서 [필터] > [스타일화] > [바람] 메뉴를 클릭합니다.

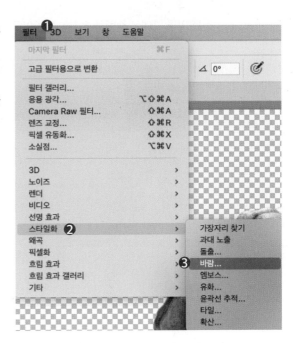

[바람] 필터의 설정 창이 표시됩니다. [미리보기] 창에서 효과가 적용되면 어떤 모습으로 이미지가 바뀌게 되는지 살펴볼 수 있습니다. 하단의 [방법] 탭에서 바람의 강도를 설정할 수 있고, 그 아래의 [방향] 탭에서는 바람의 방향을 정할 수 있습니다. [방법]은 [바람]으로, [방향]은 [오른쪽에서]로 설정하고 [확인] 버튼을 눌러보겠습니다.

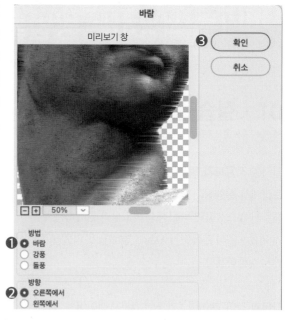

짠! 필터가 적용되었습니다! 이미지를 확대하여 이리저리 살펴보기 바랍니다. 이미지에서 돌출된 부분에 마치 바람에 휘날리는 듯한 효과가 적용되었습니다!

▲ 필터가 적용된 석상의 전체적인 모습

▲ 확대 샷

03   필터의 중첩

그런데 효과의 강도가 조금 약한 것 같네요. 효과를 더 강력하게 적용하려면 어떻게 해야 할까요? [바람] 필터의 [방법] 탭에서 [강풍]이나 [돌풍]을 선택하는 방법도 좋은 방법이겠지요.

그런데 우리는 이번에 다른 방법을 사용해보겠습니다. 한 번 필터가 적용된 이미지에 필터를 다시 적용해보는 것입니다! 필터를 여러 번 적용한다면 효과가 더욱 강력해지겠지요? 상단 메뉴바의 [필터]를 클릭해보겠습니다.

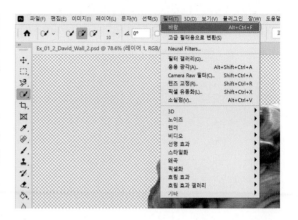

짜잔! 맨 위쪽 탭에 방금 적용한 필터인 [바람] 효과가 마중을 나와 있습니다! 최근에 사용한 필터를 다시 한번 적용하는 경우가 매우 흔하므로 포토샵에서 자동으로 이 기능을 추천해주는 것입니다. 최근에 사용한 필터를 적용하는 단축키 Ctrl + Alt + F '를 눌러도 좋고 [바람] 메뉴를 클릭해도 좋습니다. 필터를 4번 더 적용하여 [바람] 필터를 총 다섯 겹으로 적용해보겠습니다.

짜잔! [바람] 필터가 훨씬 더 강력하게 적용되었습니다. 여기에 레이어 패널에서 콘크리트 벽 레이어의 [숨김]을 해제하면 한 편의 아트워크 작품 완성입니다!

▲ 필터를 5번 적용한 이미지

▲ 배경까지 삽입한 경우

---

1   맥OS의 경우 Control + Command + F

이번에는 이 위에 왼쪽에서 불어오는 바람 필터를 덧씌
워 볼까요? 다시 상단 메뉴 바의 [필터] > [스타일화] > [
바람]을 선택하세요.

그리고 다음과 같이 [방향] 탭에서 [왼쪽에서]를 선택하
고 [확인] 버튼을 누르세요. 이어 앞과 동일한 방법으로
바람 필터를 4번 더 겹쳐 쌓아 올려주세요.

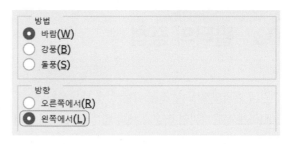

짜잔! 초고속으로 움직이는 유령 석상 완성입니다!

누끼 이미지를 가져와 합성에 활용하려면?

이미지에 속도감을 더하기 위하여 석상 위에 붓칠 스트로크[2] 이미지를 합성해보겠습니다! 이번에는 PNG 형태로 제작된 스트로크 누끼를 가져와 얹어 볼 것입니다.

왜 하필 이미지 포맷 중에서 PNG를 활용하는 것일까요? 일반적으로는 JPG 확장자도 많이 사용하는데요. 이를 이해하기 위하여 두 확장자의 차이를 잠시 살펴보겠습니다.

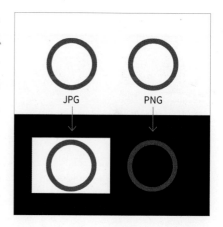

다음 그림은 JPG 이미지와 PNG 이미지의 차이를 설명하고 있습니다. JPG 파일은 픽셀 안에 색상 정보는 포함할 수 있지만 투명도 정보를 포함하지 못합니다. 따라서 JPG 파일에서 아무것도 없어 보이는 배경은 사실 불투명한 흰색 픽셀로 가득 차 있습니다. 따라서 이 사진에서 JPG 파일을 검은색 공간 위에 올리면 원래 존재하던 흰색 사각형이 그대로 남는 것이고요.

반면 PNG 파일은 픽셀 안에 색상 정보뿐만 아니라 투명도 정보까지도 포함할 수 있습니다. 따라서 위 그림의 오른쪽 예시와 같이 배경에 해당하는 영역을 전부 투명한 픽셀로 가득 채울 수 있고, 검은색 배경 위에 이미지를 올리더라도 별다른 흰색 배경이 표시되지 않습니다. PNG에서 투명도 정보를 담고 있는 영역을 '알파 채널'이라고 합니다.

따라서 누끼 이미지를 저장할 때는 JPG가 아닌 PNG로 저장해야 합니다!

---

2   스트로크(stroke): (글씨나 그림의) 획

초고속으로 움직이는 유령 다비드상 만들기

붓 터치 스트로크 삽입하기

레이어 패널에서 모든 레이어의 선택을 해제해주세요. 그리고 예제의 <Source> 폴더 안에 있는 브러시 스트로크 'Brush.png' 파일을 드래그하여 포토샵의 작업 화면 위로 드롭해주세요.

▲ 스트로크 삽입 전의 레이어 패널

▲ 스트로크 삽입 후의 레이어 패널

그러면 핑크색 브러시 스트로크의 누끼가 이미지 위에 표시될 것입니다. 삽입된 그림 가장자리에 표시된 파란색 상자를 조절하여 스트로크의 크기와 각도를 수정해보기 바랍니다.

▲ 스트로크 삽입 직후

▲ 조정 후

축하합니다! 아트워크의 레이어 위에 PNG 형태의 누끼를 삽입하는 방법을 배웠습니다!

스트로크를 더욱 강렬한 붉은색으로!

앞 장에서 배운 '색조/채도' 조정 레이어를 활용하여 스트로크의 색상을 조정해보겠습니다. 속도감 하면 떠오르는 스포츠카의 강렬한 붉은색으로 핑크색 스트로크를 변경해볼까요?

다음과 같이 조정 레이어를 추가한 뒤 '색조/채도' 레이어를 선택하여 스트로크 레이어의 상단에 위치시키고 클리핑 마스크를 적용하세요. '색조/채도' 레이어에서 [채도] 값을 높입니다.

쌩쌩 빠르게 달릴 준비가 된 것 같지 않나요? 이처럼 간단한 효과 필터와 스트로크 누끼의 삽입으로 간단한 아트워크가 완성되었습니다.

▲ Before

▲ After

이번 Chapter에서는 필터의 적용 방법과 간단한 색조 조정 기법, 그리고 PNG 이미지의 활용법에 대해서 다뤄봤습니다. 다음 Chapter에서는 조금 더 적극적으로 이미지 리소스를 가져와 활용하는 방법을 배워보겠습니다.

Designer's Comment!

포토샵의 필터 메뉴에는 정말 다양한 효과 필터들이 존재합니다. 클릭해본 만큼 나의 경험치가 쌓이는 법이니, 부디 다양한 효과들을 틈틈이 클릭하여 적용해보기 바랍니다. 마음에 쏙 드는 필터를 몇 개 발굴해두면 그게 여러분만의 개성을 표현하는 도구가 되어줄 것입니다!

Client's Quest!

전국 매장에 배포할 새로운 종이컵 디자인을 만들려고 해요.
테이크아웃 커피잔 위에 우리 카페의 로고를 합성해주세요! 아 참, 흑백 로고를 커피색으로 수정도 부탁드려요!

▲ Before

▲ After

이번에는 유명 카페 프랜차이즈 업체에서 작업 요청이 들어왔어요! 테이크아웃 커피잔 위에 로고를 합성해 달라는 부탁입니다. 검은색 로고를 갈색으로 수정하여 달라는 요청도 함께 왔네요.

extra_1.jpg

extra_2.png

extra_3.jpg

extra.psd

클라이언트에게 받은 리소스는 <Extra> 폴더에 넣어뒀어요! 그럼 작업 서둘러 주세요! 저는 종이컵 제작 업체에 미팅 다녀올게요!

Designer's Advise!

조정 레이어와 클리핑 마스크를 활용하면 클라이언트의 요구사항을 쉽게 만족시킬 수 있을 것입니다. 적당한 위치에 로고를 넣은 다음 [색조/채도] 기능을 활용하여 흑백 로고를 커피색으로 변경해보세요!

이번 Chapter에서 사용된 기법은 제품 사진 위에 회사의 로고를 삽입하는 작업을 수행하는 데 적절합니다. 이는 무척이나 수요가 높은 작업이므로, 한 번 배워서 여기저기 많이 활용하기 좋은 기법입니다.

flaticon(https://www.flaticon.com)이라는 웹사이트는 무료로 사용 가능한 PNG 로고와 아이콘 파일들을 대량으로 제공합니다. 여기에 접속해 다양한 리소스를 다운로드하고, 픽사베이(https://pixabay.com) 웹사이트에서 적절한 제품 사진들을 다운로드하여 삽입하여 연습을 조금 더 해보세요.

클럽에 간
다비드상

학습 목표

1. 개체 선택 도구를 활용하여 누끼를 따는 방법을 배워본다.
2. 혼합 모드를 활용한 합성 방법을 배워본다.
3. 레이어 스타일을 활용해 색상을 변경하는 방법을 배워본다.

Contents	<제3장 클럽에 간 다비드상> 폴더를 열어주세요. David_Neon.psd, David_Neon.jpg
Source	Chair.jpg, Sky.jpg, Cloud.png, Stroke.png, David_base.png
Extra	1.jpg, 1.psd, 2.jpg, 3.jpg, 3.psd, 4.jpg

혼합 모드가 무엇인가요?

[혼합 모드]는 재료를 섞는 도구이며, 포토샵에서 재료는 바로 레이어입니다. 여러 음식 재료를 이리저리 섞다 보면 예상치 못한 맛이 날 때도 있지요? 마찬가지로 포토샵에서도 [혼합 모드]를 활용하여 여러 레이어를 섞다 보면 우리가 예상치 못했던 아름다운 효과가 만들어지기도 합니다.

[혼합 모드]는 혼합·블렌딩을 위한 모드입니다. 그렇다면 블렌딩이 어떤 작업인지에 대해 가볍게 살펴볼 필요가 있겠죠? 블렌딩은 선택한 레이어와 그 하위 레이어의 색상 정보를 서로 섞어주는 기법을 의미합니다.

포토샵에는 정말로 다양한 [혼합 모드] 기능들이 탑재되어 있는데요, 이것의 이름을 모두 외우거나 각각의 기능들이 어떤 원리로 레이어를 섞어주는지를 암기할 필요는 없습니다. 실무에서 자주 사용되는 모드 몇 가지의 사용법만 익혀도 좋습니다.

혹은 예상치 못한 효과를 적용하여 의도치 않은 아름다운 디자인을 만들 가능성도 있으므로 가끔 낯선 기능들을 한두 번씩 클릭해 보는 것을 추천드립니다.

자, 그러면 지금부터 [혼합 모드]에서 가장 자주 쓰이는 기능 네 가지를 배워보겠습니다.

업계 용어 사전 | 블렌딩 모드? 혼합 모드?

영문판 포토샵에서는 [혼합 모드]가 [Blending Mode]라고 표기되어 있습니다. 따라서 해외 업계는 물론 국내에서도 '혼합 모드'라는 명칭보다는 '블렌딩 모드'라는 명칭을 더욱 많이 사용합니다.

나중에 여러분이 효과의 사용 방법이나 강좌를 검색할 때, '혼합 모드'보다는 '블렌딩 모드'라는 키워드에서 훨씬 더 많은 정보를 쉽게 만나볼 수 있습니다. 본문에서는 한글판 포토샵에 탑재된 용어를 따라 '혼합 모드'라는 이름으로 부르겠습니다.

혼합 모드의 사용법을 배위봐요!

01 실습 준비

학습 자료의 <Source> 폴더를 살펴보면 'Chair.jpg'와 'Sky.jpg' 파일이 있습니다. 포토샵에서 'Chair.jpg'를 실행하고 그 위에 'Sky.jpg' 파일을 드래그 앤 드롭하여 삽입하세요.

▲ Chair.jpg

▲ Sky.jpg

그리고 아래 그림과 같이 'Sky' 레이어가 '레이어 0' 위에 올라오도록 순서를 조절하세요. '레이어 0'에 위치한 의자 이미지에 채워진 자물쇠를 해제하고요.

그런데 'Sky' 레이어의 우측 하단에 처음 보는 아이콘이 붙어 있습니다. 이 아이콘의 정체는 무엇일까요? 이 아이콘 은 '고급 개체' 레이어를 표시하는 아이콘입니다.

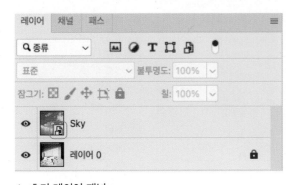

▲ 초기 레이어 패널

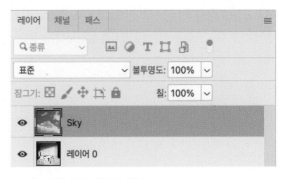

▲ 래스터화 후의 레이어 패널

'고급 개체'로 지정된 이미지를 래스터화하려면 '고급 개체' 레이어에 마우스 오른쪽 버튼을 클릭하고 [레이어 래스터화]를 클릭하면 됩니다. 이를 참고해 'Sky' 레이어를 래스터 이미지로 변경하세요. 이제 실습을 진행할 준비가 모두 끝났습니다!

업계 용어 사전 | 고급 개체
(스마트 오브젝트)

'고급 개체'는 일종의 특별한 이미지 레이어입니다. 레이어의 크기를 줄이거나 확대해도 화질이 저하되지 않고, 필터를 적용하더라도 이미지의 원본 정보가 훼손되지 않습니다. 따라서 '고급 개체'는 이미지 편집 작업 이후에도 원본 데이터를 보존하고 싶을 때 사용하면 유용합니다.

하지만 그에 대한 반대급부로 '고급 개체'에서는 덧칠을 하는 등 원본 이미지를 훼손하게 되는 편집 작업이 불가능합니다. 따라서 편집을 수행하려면 '고급 개체'로 지정된 이미지 레이어를 일반적인 레이어로 다시 변환해야 합니다.

'고급 개체'가 아닌 일반적인 이미지를 '래스터 이미지'라고 부릅니다.

한글판 포토샵에서는 '고급 개체'로 번역되었지만 이 기능의 원래 이름은 '스마트 오브젝트'입니다. 따라서 추후 더욱 다양한 정보를 검색할 때는 '스마트 오브젝트'라는 키워드로 검색해보세요.

02 [혼합 모드]의 적용 방법

[혼합 모드]를 적용할 때는 블렌딩을 하려는 2개의 레이어 중 위쪽 레이어를 선택하고, 상단에 '표준'이라 기재되어 있는 탭의 오른쪽 아이콘을 클릭하면 됩니다. 사진에는 ❷로 표시되어 있습니다.
한번 오른쪽 아이콘을 클릭해볼까요?

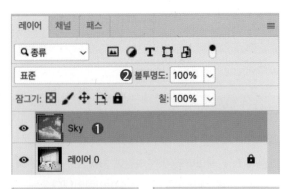

이어 다양한 [혼합 모드] 기능이 펼쳐집니다! 이 중에서 마음에 드는 기능을 하나 선택하면 됩니다. 자, 그러면 지금부터 가장 자주 쓰이는 기능 네 가지를 살펴보겠습니다.

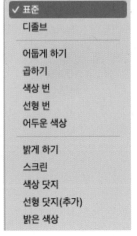
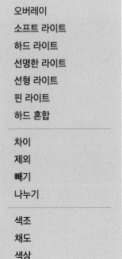

자주 쓰이는 혼합 모드 기능들 살펴보기

01   곱하기(Multiply)

2개의 레이어를 대상으로 [곱하기] 기능을 실행하세요. 어떤가요? 의자와 책상이 놓인 방 안에 하늘 이미지가 녹아들었죠? 이것이 [혼합 모드]가 2개의 레이어를 섞은 결과물입니다.

▲ Before

▲ After

곱하기 기능은 이름 그대로 두 레이어가 가진 색상 정보를 곱하는 기능을 수행합니다. 밝은 부분은 그대로 유지되지만 어두운 부분은 더더욱 어둡게 표현됩니다. 결과적으로 방 이미지의 밝은 영역에는 구름과 하늘 이미지가 들어찼고, 어두웠던 영역은 구름과 하늘이 가진 색상 정보가 곱해지면서 더더욱 어두워졌습니다.

02   스크린(Screen)

이번에는 [스크린] 기능을 적용해볼까요?
[스크린]은 위쪽 레이어의 밝은 정보 값을 아래쪽 레이어에 대입하여 이미지를 더욱 밝고 가볍게 만들어주는 기능입니다. 구름이 갖고 있었던 밝은 영역의 정보가 방 사진에 대입되면서 사진이 훨씬 더 밝고 화사해졌습니다.

▲ Before

▲ After

또한 검게 표현된 영역을 투명으로 인식하는 기능도 있습니다. 예를 들어, 검은 하늘에 별이 수놓인 레이어를 [혼합 모드] 중 [스크린] 기능으로 강물 사진 레이어에 합성하면 강물 위에 별이 반짝이는 듯한 이미지를 만들 수 있습니다.

03 오버레이(Overlay)

이번에는 [오버레이]를 실행해보기 바랍니다.

이미지의 색감에 따라 결과물에 차이가 있기는 하지만, [오버레이]는 마치 [곱하기]와 [스크린]이 동시에 적용된 것 같은 느낌을 줍니다. 어두운 부분은 더욱 어두워지고, 밝은 부분은 더욱 밝아지거든요.

따라서 [오버레이]의 실행 결과는 전반적으로 대비가 강하게 합성됩니다.

▲ Before

▲ After

04 색상(Color)

마지막으로 [색상] 기능을 적용해보겠습니다.

[색상] 기능은 색조 정보를 담당하고 있습니다. 아래쪽 이미지의 명도를 유지하면서 위쪽 이미지가 갖고 있었던 색상을 아래쪽 레이어에 그대로 입히는 기능이 있습니다. 따라서 합성의 결과물은 밝기 정보는 유지되지만 색감이 바뀌게 됩니다. 이러한 특징 덕분에 원하는 부분에 필요한 색감을 입힐 수 있기 때문에 사진에서 특정 제품의 색상을 변경하는 경우 자주 사용되기도 합니다.

[색상]을 적용한 결과, 방 이미지의 밝기 정보는 유지되었지만 구름과 하늘이 가진 색감 정보가 아래쪽 레이어에 적용되었습니다.

▲ Before

▲ After

이 정도면 [혼합 모드]의 사용 방법을 충분히 익힌 것 같습니다. 이제 [혼합 모드]를 사용해 다비드상 이미지를 활용한 아트워크 제작 실습을 진행해보겠습니다. 의자와 하늘 이미지는 이제 닫아도 좋습니다.

누끼를 따는 두 번째 방법,
빠른 작업과 개체 선택 도구

앞에서 [빠른 선택 도구]를 활용한 누끼 따기 기법을 배워보았습니다. 이번에는 또 다른 누끼 따기 기법을 배워보겠습니다. 실습에 앞서 <Source> 폴더에 있는 'David_base.png' 파일을 포토샵에서 불러와주세요. 레이어 패널에 자물쇠가 있다면 자물쇠도 풀어주고요!

이번에 사용할 방법은 [빠른 작업]을 통한 배경 제거입니다. 포토샵에서는 [배경 제거]와 [피사체 선택] 두 가지를 필두로 Neural Filters를 통한 다양한 기능들을 제공하고 있습니다.

레이어를 편집할 수 있도록 자물쇠를 풀어준 이미지가 있으면 준비 완료입니다. 레이어를 선택한 후 속성 패널에 위치한 [빠른 작업] 탭을 확인하길 바랍니다.
[빠른 작업] 탭 아래 위치한 [배경 제거]와 [피사체 선택] 중 한 가지를 선택해 줍니다.

[배경 제거]를 클릭한 경우 피사체를 선택해 해당 영역을 마스킹하여 배경을 가려줍니다. 필요한 영역을 확보한 후 나머지 영역을 마치 지운 것처럼 가리는 기능입니다. 레이어 패널을 확인하면 다비드 모양으로 분리된 흑백의 이미지를 확인할 수 있습니다. 마스크에 관한 내용은 다음 강의에서 자세히 알아보겠습니다.

[피사체 선택]을 클릭한 경우 피사체의 영역을 선택하게 됩니다.

두 버튼 아래의 자세히 보기를 선택해보시면 더욱 다양한 필터도 확인
할 수 있습니다.

손 쉬운 누끼 따는 방법 중 하나인 [개체 선택 도구]도 간단하게 알아보도록 하겠습니다. [개체 선택 도구]는 [빠른 선택 도구]와 한 세트로 제공되고 있는 기능입니다.

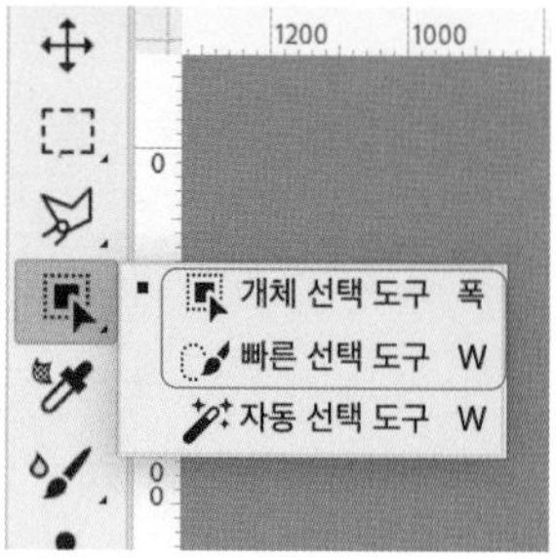

[개체 선택 도구]를 활용하면 사각형 모양으로 영역을 선택할 수 있게 됩니다. 그리고 선택된 영역 안에서 배경과 개체를 자동으로 인식하여 개체의 누끼만 자동으로 선택합니다. 혹은 [개체 선택 도구] 를 활성화한 상태에서 마우스를 개체 위로 이동시키면, [개체 선택 도구]로 인식 가능한 개체가 분홍색으로 표시됩니다. 사진 속 서 있는 모델도 인식이 가능하지요. 분홍색 영역이 나타난 상태에서 더블 클릭하면 선택 영역으로 지정됩니다.

이번 강의에서는 [피사체 선택]을 통해 다비드상 개체를 선택한 다음 Ctrl+J[1]를 눌러 누끼를 별도의 레이어로 분리하는 방식으로 진행하겠습니다.

1 맥OS에서는 Command+J

짜잔! 어떤가요? 다비드상의 누끼가 자연스럽게 따졌습니다!

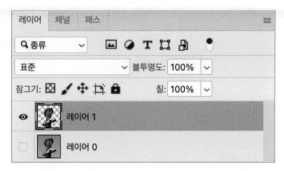

▲ '레이어 1'에 분리된 다비드상 누끼

▲ '레이어 0'을 숨긴 모습

그리고 아래 그림과 같이 레이어의 이름을 더블 클릭하여 이름 변경 기능을 활성화하고, 레이어의 이름을 '다비드 복제'로 변경해주세요.

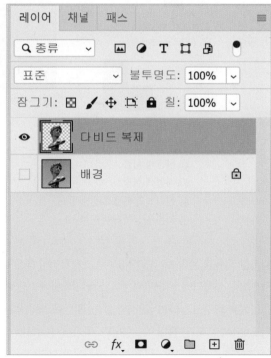

레이어 색칠하기

누끼가 따진 레이어의 배경에 배경색을 채워 넣어보겠습니다. 레이어에 한 번에 색을 채워 넣는 방법은 두 가지가 있습니다. 두 가지 방법 모두 배워보겠습니다.

01 포토샵에서 색상을 관리하는 방법

그에 앞서, 포토샵에서 색을 관리하는 방법을 소개하겠습니다.
포토샵 좌측 메뉴 바의 하단부에 다음과 같이 생긴 영역이 있습니다. 이곳은 색상을 표시하는 영역입니다. 각 아이콘의 의미를 설명하겠습니다.

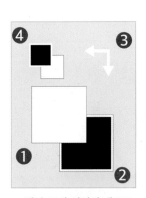
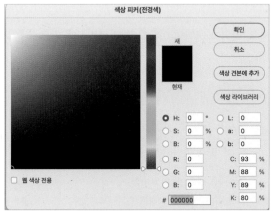

▲ 색상 표시 영역의 개요도 　▲ 색상 피커 창
❶ 전경색 설정
❷ 배경색 설정
❸ 전경색과 배경색 전환 [X]
❹ 기본 전경색과 배경색 [D]

익숙한 비유를 들어 보자면 배경색은 스케치북의 색상이고 전경색은 크레파스의 색상이라고 할 수 있겠습니다. 위 사진처럼 설정되어 있다면 검은색 스케치북 위에 하얀색 크레파스로 그림을 그리는 것과 같은 상황입니다.
전경색을 바꾸고 싶다면 [전경색 설정] 버튼을, 배경색을 바꾸고 싶다면 [배경색 설정] 버튼을 누릅니다. 그러면 팝업으로 [색상 피커] 창이 떠오릅니다. 여기에서 원하는 색상을 선택하면 됩니다.
[전경색과 배경색 전환 [X]] 버튼은 배경색과 전경색을 서로 바꿔주는 기능을 수행합니다. 위 사진과 같은 상태에서 [전경색과 배경색 전환 [X]] 버튼을 클릭할 경우, 배경색은 흰색이 되고 전경색은 검은색이 됩니다. 마치 하얀색 스케치북 위에 검은색 크레파스로 그림을 그리는 것과 같은 상황이 됩니다.
마지막으로 [기본 전경색과 배경색 [D]] 버튼을 누르면 전경색과 배경색이 기본값으로 되돌아갑니다. 포토샵에서 기본으로 설정된 기본값은 검은색 전경색과 하얀색 배경색입니다.

02 단축키를 활용하는 방법

레이어를 선택하고 아래 단축키를 입력하는 것으로 레이어 배경을 순식간에 채울 수 있습니다.

전경색으로 색 채우기: [Alt]+[Back Space] [2]
배경색으로 색 채우기: [Ctrl]+[Back Space] [3]

이 단축키를 누르면 레이어 전체가 색칠되면서 다비드상은 가려지게 됩니다. 그러니 새 레이어를 만들고, 그 레이어를 색칠한 다음 그 위에 다비드상 누끼를 올려놓도록 합시다.

레이어 창 하단의 [새 레이어를 만듭니다] 버튼을 클릭합니다. 그리고 새로 만들어진 '레이어 1'을 '다비드 복제' 레이어의 하단으로 이동시켜 주세요.

이어서 '레이어 1'을 선택하고 단축키를 눌러 배경색을 삽입합니다. 작업 화면에서는 다비드상 뒤에 검은색 배경이 삽입되었습니다만 '다비드 복제' 레이어의 투명도 정보는 보전되고 있습니다.

▲ 레이어 상황

▲ 작업 화면 상황

---

03 [페인트 통 도구]를 활용하는 방법

포토샵 좌측 도구 바에 다음 그림처럼 그라데이션 형태의 사각형 도구
가 있습니다. 이 도구를 꾹 누르고 있으면 팝업이 뜨면서 [페인트 통 도
구 Shift + G + G] 🪣 를 선택할 수 있습니다. [페인트 통 도구]를 활성
화한 상태에서 투명한 배경을 클릭해보기 바랍니다.

▲ 레이어 상황

▲ 작업 화면 상황

어떤가요? [페인트 통 도구]는 레이어 전체를 채색하는 것이 아니라 우리가 클릭한 영역과 그 주변 영역만 전경색
으로 칠해주는 도구입니다. 따라서 별도의 레이어를 추가하지 않고도 다비드상 주위에 검은색 배경을 합성할 수 있
습니다. 혹은 새 레이어를 '다비드 복제' 레이어의 아래에 삽입한 뒤 그 레이어를 전경색으로 칠해 배경 레이어로 사
용할 수도 있고요.

실습을 이어 진행하기 위하여 다비드상 아래에 레이어를 하나 삽입하고, 그 레이어의 색상을 변경하기 바랍니다.

여러분의 취향에 맞는 방법을 택하세요. 참고로 저자는 주로 단축키를 활용하여 전경색으로 레이어를 칠하는 방법
을 선호합니다.

그레이디언트 도구와 혼합 모드를 활용하여 다비드상 색칠하기

01   [그레이디언트 도구]의 사용 방법

[페인트 통 도구 G]와 같은 카테고리의 도구 중에는 [그레이디언트 도구]라는 도구도 있습니다. 그레이디언트는 기울기를 뜻하는 영단어 'gradient'를 그대로 표기한 것입니다. 우리에게 익숙한 단어인 그라데이션은 그레이디언트의 명사형 표현입니다.

[그레이디언트 도구]를 활용하면 그라데이션 색상을 만들 수 있습니다. 사용 방법 또한 간단합니다. [그레이디언트 도구 G] ▮▮를 활성화한 상태에서 레이어 위를 적당히 드래그 앤 드롭으로 이동하면 됩니다.

아래 그림과 같이 마우스를 클릭한 지점에서 전경색이 지정되고, 마우스 버튼을 뗀 지점에서 배경색이 지정됩니다. 그 사이는 자연스러운 그라데이션으로 채워지게 되고요.

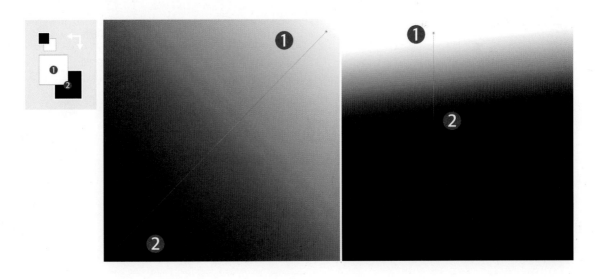

02 [그레이디언트 도구]를 사용한 네온 빛 그라데이션 레이어 제작

다비드상 위에 새 레이어를 하나 추가한 뒤, 배경색과 전경색을 화려한 색감(#FF1541, #12FEBE)으로 변경하고 그라데이션을 적용해보겠습니다.

'다비드 복제' 레이어 위에 있는 레이어 색상이 네온색 그라데이션으로 변경되었습니다. 이 레이어의 이름을 '네온 그라디언트'로 변경하겠습니다.

03   [혼합 모드]를 활용한 합성

이제 [혼합 모드]를 활용하여 네온 빛 그라데이션을 다비드상 위에 합성해보겠습니다. 직관적으로 색감을 이식하기
좋은 [색상] 모드를 활용해보겠습니다.

짠! '네온 그라디언트' 레이어의 네온 빛 그라데이션 색감이 그대로 다비드상에 합성되었습니다!
이외에도 [혼합 모드]의 다양한 기능들을 클릭해보면서 여러분들의 취향에 맞는 효과를 찾아보세요.

네온사인 합성하기

01 스트로크 삽입

<Source> 폴더에 위치한 'Stroke.png' 파일을 드래그 앤 드롭하여 작업 공간에 삽입해주세요. 그리고 크기와 위치, 각도를 조절하여 여러분 마음속 목소리가 속삭이는 위치, 즉 원하는 위치에 삽입해주세요.

연두색 선이 삽입되었습니다. 여기에 네온사인 느낌을 주기 위하여 두 가지 작업을 진행해보겠습니다.

위대한 수학자 가우스(Gauss)가 발견한 정규분포 그래프는 마치 종 모양처럼 가운데가 볼록하고 가장자리로 갈수록 납작한 형태인데요, 이 그래프를 따라 표현되는 현실 세계의 데이터를 통칭 '가우시안(Gaussian)'이라고 부릅니다.

[가우시안 흐림]은 정규분포 곡선에서 유래한 수학적 기법을 적용하여 이미지를 흐리게 만드는 필터입니다. 스트로크 레이어를 선택한 뒤 상단의 [필터] 메뉴를 클릭하고, [흐림 효과]에서 [가우시안 흐림 효과]를 선택해보겠습니다.

업계 용어 사전 | 블러(Blur)

Blur는 '흐릿하게 만들다'라는 의미를 가진 영어 단어입니다. 그래서 사진 편집이나 영상 편집 등에서 화면 일부를 흐릿하게 만드는 행위를 '블러를 넣는다' 등으로 표현합니다.

한글판 포토샵에는 blur가 '흐림'이라는 용어로 번역되었지만, 아직도 현업에서는 '흐림'이라는 용어보다는 '블러'라는 용어가 더 많이 쓰이고 있습니다.

[가우시안 흐림 효과] 창이 새롭게 팝업으로 올라옵니다. 창 하단의 슬라이더를 이동시켜 블러의 강도를 조절하여 봅시다.

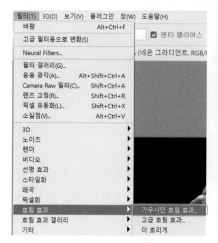
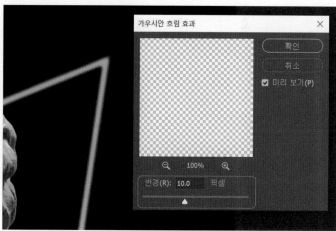

연두색 선이 블러 효과로 테두리가 부드럽게 뭉개지면서 네온관에서 흘러나온 빛이 주변으로 퍼지는 것 같은 효과가 만들어졌습니다.

03 [레이어 스타일] > [외부 광선] 효과로 광선검 효과를 만들자

아직 조금 부족한 것 같습니다. 삼각형 선을 따라 스타워즈의 광선검처럼 강렬한 인상을 남기며 빛이 퍼져나가도록 효과를 더해보겠습니다. 레이어를 꾸밀 때 사용하기 좋은 [레이어 스타일] 기능을 활용해보겠습니다.

레이어 패널 하단에 [레이어 스타일] 버튼이 있습니다. 이 버튼을 클릭하면 다양한 효과들이 제안되는데요, 이 중에서 [외부 광선] 기능을 클릭하기 바랍니다.

 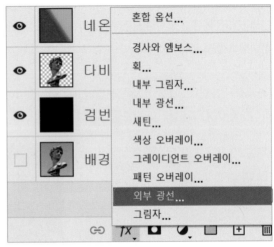

▲ 레이어 스타일 적용하기

[레이어 스타일] 창이 나타나며 왼쪽 패널에서 [외부 광선] 탭에 체크되어 있을 것입니다. 화면에서 [스프레드]와 [크기] 영역의 슬라이더를 이동해보세요. 값을 조정할수록 빛이 점점 사방으로 퍼져나가는 듯한 효과를 줄 수 있습니다. 여러분의 취향에 맞는 수준으로 값을 변경하기 바랍니다.

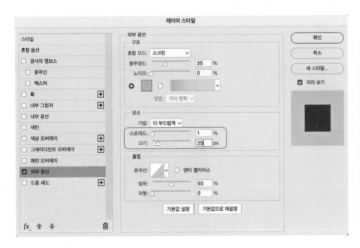 

지우개 도구로 스트로크 일부를 지워 입체감 더하기

현재 삼각형 스트로크가 다비드상의 앞에만 있습니다. 마치 다비드상이 삼각형 고리를 통과하듯, 삼각형 스트로크 일부가 다비드상의 뒤쪽으로 지나가도록 스트로크 일부를 지워보겠습니다.

좌측 도구 바에서 지우개 모양의 도구를 찾기 바랍니다. 여기에서 [지우개 도구 E] ◆.를 클릭하여 활성화해주고요. 이 상태로 삼각형 네온 빛을 지워보겠습니다.

네온 스트로크가 아직 [고급 개체] 상태라면 래스터화를 해야 한다는 안내창이 나옵니다. [확인] 버튼을 눌러 래스터화를 진행합니다. 이제 지우개로 획을 지울 수 있게 되었습니다. 목과 가슴 쪽으로 지나가는 선을 지우개로 지워 삼각형 네온 빛이 이마에 걸려 있는 것 같은 느낌을 내보겠습니다.

안개를 뿌려 클럽 느낌 만들기

클럽 느낌을 완성하기 위해 이미지 위에 안개를 뿌려보겠습니다. <Source> 폴더의 'Cloud.png' 파일을 불러와 맨 위 레이어에 얹고 위치와 크기를 조절해주세요.

'Cloud' 레이어를 클릭하여 선택하고, 이어 [레이어 스타일] 버튼을 클릭하고 [그레이디언트 오버레이] 메뉴를 누르세요.

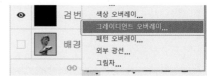

[레이어 스타일] 창이 나타납니다. [그레이디언트] 옆의 색상 선택 메뉴를 클릭해 주세요.

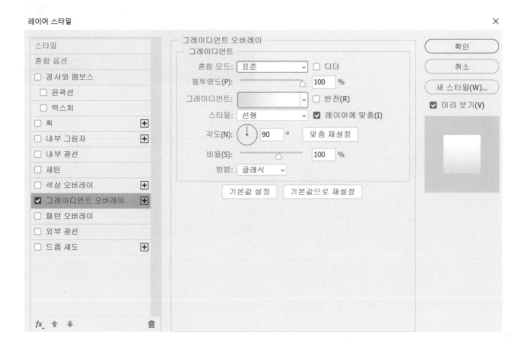

[그레이디언트 편집기] 창이 나타납니다. 하단의 슬라이드 바를 드래그하거나 클릭하여 색상을 변경하면서 여러분의 취향에 맞는 그레이디언트를 적용해주세요.

짜잔! 안개에 그레이디언트가 적용되었습니다! 마치 클럽에서 웅장하게 깔린 안개에 두 가지 색상 조명이 강렬하게 비추어 반사광이 보이는 듯한 느낌의 이미지가 완성되었습니다!
원하는 만큼 안개를 더 추가해 가며 결과물을 최종적으로 완성하겠습니다.

다비드상에 비친 그레이디언트는 마치 사진의 우측 상단부에서 녹색 조명이 내리쬐고, 좌측 하단에서는 붉은 조명이 비치는 것 같습니다. 빛의 방향과 색상에 유의하며 위쪽에 깔린 안개는 녹색 빛을 강하게 넣어줬습니다. 이로써 클럽에 간 다비드상 완성입니다!

Designer's Comment!

[레이어 스타일]과 [필터] 활용이라는 기본기를 배웠습니다.

우리가 사진 위에 붓이나 펜으로 일일이 형형색색의 그림을 그려 넣었다면 무척이나 큰 노력이 필요했을 것입니다. 하지만 포토샵에서 제공되는 기본 기능을 활용하면 순식간에 우리의 취향에 맞는 효과를 만들 수 있었습니다. 이것이 포토샵의 가장 큰 매력입니다.

이번 Chapter에서 소개하지 않았던 다른 효과들도 클릭해보기를 바랍니다. 생각지 못한 효과가 의외의 결과물을 만들어 낼 수도 있으니 말입니다.

'아, 이런 기능은 이런 느낌을 주던 것 같은데?'

이런 경험이 쌓이다 보면 그것이 바로 노하우가 되고 실력이 되기 마련입니다. 부디 여러분의 감각과 잠재력 이상의 결과물을 만들어낼 기회를 놓치지 않기 바랍니다!

Client's Quest!

우리 리조트 스위트룸에서 보이는 전경 사진인데요, 여기에 아름다운 물안개를 합성해주세요!

아침 일찍 일어나 커튼을 열면 그림 같은 자연 풍경이 눈 앞에 펼쳐진다는 점을 고객에게 어필하고 싶어요!

▲ Before

▲ After

전국 각지에 리조트를 운영 중인 유명 그룹에서 의뢰가 들어왔습니다! 아름다운 호수와 산이 보이는 리조트의 광고 자료를 제작해달라고 하네요. 클라이언트에게 받은 자료는 <Extra> 폴더에 넣어뒀어요!

그러면 저는 클라이언트랑 미팅하러 리조트에 좀 다녀오겠습니다. 네? 법카는 왜 챙겨 가냐고요? 쉿! 못 본 척해주세요!

이번 Chapter에서 배웠던 [흐림] 효과를 응용하면 아름다운 물안개와 자연스러운 원근감을 표현할 수 있을 것입니다. 합성의 기본은 자연스러움입니다. 마치 처음부터 이런 이미지였던 것처럼, 보는 사람들이 합성의 흔적을 찾아내지 못하게 하는 것이 중요하지요.

▲ Before   ▲ After

<Extra> 폴더에 콘서트장의 사진을 담은 <3.jpg> 파일이 있습니다. 이 사진을 살펴보면 어두운 공간에 주황색 조명이 있습니다.
이 사진에 다른 이미지를 자연스럽게 합성하려면 주황색 빛이 공간에 미치는 영향을 신경 써야 합니다. 새로 집어넣는 개체에는 주황색 빛이 묻어나야겠지요?
이 이미지에 수증기와 함께 조명에서 뻗어 나오는 광선을 삽입하는 연습을 해보기 바랍니다. 이번 Chapter에서 알려드린 기법만으로도 제작이 가능하지만, 의외로 빛과 색감의 구성이 단순하다 보니 그만큼 우리가 인위적으로 집어넣은 이미지가 자연스럽게 녹아들게 만들기가 쉽지 않을 것입니다.
이와 같은 합성 연습은 빛을 다루는 감각을 향상하는 데 크게 도움이 될 것입니다.

자연을 품은
다비드상 합성

학습 목표

1. 마스킹 기법으로 이미지를 지우는 방법을 배워본다.
2. 자석 올가미 도구를 활용하여 누끼를 따는 방법을 배운다.
3. 마스크를 활용하여 이중 노출 기법을 활용한 아트워크를 제작해본다.

Contents	<제4장 자연을 품은 다비드상 합성> 폴더를 열어주세요. David_Double exposure.psd, David_Double exposure.jpg
Source	Hands.png, David_base.png, Cloud.png, Forest.jpg, Mountain.png, Lake.jpg
Extra	1.jpg, 1.psd, 2.jpg, 3.jpg

마스크를 활용한 이미지 합성

01 레이어 마스크란 무엇인가요?

레이어 마스크(layer mask)는 현재 레이어의 일부분을 가려서 보이지 않게 만드는 행위를 의미합니다. 지우개로 일부 영역을 지우는 것도 좋지만, 이 경우 원본 이미지가 훼손됩니다. 반면에 마스크를 활용하면 원본 이미지를 훼손하는 것이 아니라 레이어 위에 가림막을 덮어두는 느낌으로 작동합니다.

포토샵에서 작업을 하다 보면 원본 이미지를 훼손하는 바람에 대부분 작업 과정을 다시 취소하고 처음으로 되돌아가야 하는 경우가 종종 생깁니다. 이러한 불상사를 막기 위하여, [지우개 도구]가 아니라 마스킹을 통해 개체를 가리는 방법을 배워보겠습니다.

업계 용어 사전 | 마스킹

마스킹(Masking)은 물체의 일부를 가리는 행위를 의미합니다.

현실에서는 자동차를 도색할 때, 좁은 구역 일부에만 색칠하고 싶을 때, 혹은 인테리어 공사 과정에서 창틀에 페인트를 칠할 때 자주 사용되는 용어입니다. 페인트나 물감을 도포하기 전, 도료가 묻지 않아야 할 영역을 비닐이나 테이프로 가려두는 것이지요.

포토샵에서 말하는 마스킹도 비슷한 의미로 사용되며, 화면에서 보이는 이미지 일부분을 가리는 행위를 뜻합니다. 애프터 이펙트 등 다른 분야의 디자인 프로그램에서도 동일한 의미로 통용됩니다.

02 지우개로 손 지워보기

<Source> 폴더 안에 있는 'Hands.png'를 포토샵에서 열기 바랍니다. 자물쇠가 채워져 있다면 해제해주세요.

그리고 [지우개 도구 E] 를 활용하여 화면 오른쪽에 위치한 손을 지워주세요.

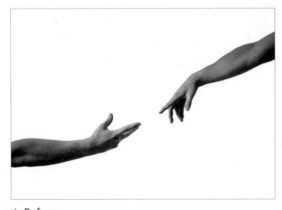

▲ Before

▲ After

혹시 지우개 영역이 너무 작아 답답하다면 마우스 오른쪽 버튼으로 화면을 클릭하기 바랍니다 팝업 창이 뜨면서 지우개의 크기를 변경할 수 있게 됩니다! 상단의 [크기] 슬라이더를 오른쪽으로 이동하여 지우개 크기를 키워주세요.

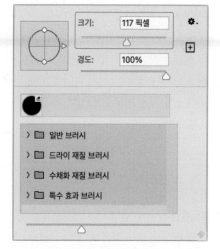

손을 지웠다면 레이어 패널을 살펴볼까요? 레이어 패널에서도 손 모양이 사라진 것을 볼 수 있습니다. 우리의 편집 행위로 인하여 원본 데이터가 훼손된 것입니다.

03 마스크로 손 지워보기

자, 지우개로 작업하던 레이어를 삭제하고 'Hands.png'를 다시 한번 작업 화면으로 불러오세요. 그리고 레이어를 선택해주세요.

레이어가 선택된 상태에서 레이어 패널 하단의 [레이어 마스크 추가] 버튼을 클릭하세요. 그러면 'Hands' 레이어 오른쪽에 하얀색 썸네일의 아이콘이 추가됩니다. 이 하얀 썸네일을 클릭하여 선택하세요.

자, 지금부터 마스크를 적용해보겠습니다. 마스크 레이어 위에 검은색으로 칠하면, 그 부분이 일종의 가림막 역할을 하게 됩니다. 따라서 마스크 레이어에 검은색으로 그림을 그려 손 모양을 가려주면, 손 모양이 화면에서 사라지게 됩니다.

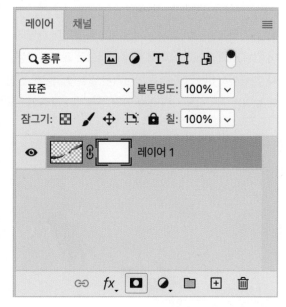

▲ [레이어 마스크 추가] 후 레이어 패널

왼쪽 도구 탭에서 [브러시 도구 B] 를 선택해주세요. 그리고 전경색을 검은색으로 바꿔주세요. 화면 오른쪽의 손 위에서 마우스를 클릭한 채로 드래그하여 붓을 칠해줍니다. 붓이 지나간 영역이 투명하게 바뀔 것입니다. 붓의 크기가 작다면 마우스 오른쪽 버튼으로 화면을 클릭하여 팝업창을 띄우고, [크기] 슬라이더를 오른쪽으로 이동시켜 붓 크기를 키워주세요.

자, 손을 모두 지웠나요? 이 상태에서 레이어 패널을 살펴보기 바랍니다. 어떤가요? 하얀색 썸네일로 표시되었던 마스크 레이어 위에 검은색으로 마스크가 표시된 것이 보이나요?

자, 이번에는 Shift + X를 눌러 전경색을 흰색으로 바꾼 뒤 손이 사라졌던 영역을 다시 지우개로 지워봅시다.

짜잔! 지워졌던 손이 다시 생겨났습니다! 레이어 패널에서 보이는 마스크 레이어의 썸네일에서 손가락과 손목 부분이 지워졌죠! 마스크 레이어 위에 흰색으로 표시된 부분은 가려지지 않고 다시 화면에 표시됩니다.

자, 지금까지 마스크를 활용해 이미지 일부를 지우는 방법을 살펴봤습니다. 원본 이미지를 왜곡하지 않은 채로 화면에 보이는 이미지를 지워낼 수 있어 무척이나 자주 사용되는 기능입니다.

04 [지우개 도구]의 실체를 알려드립니다

[브러시 도구 B] ✎는 현실 세계의 붓처럼 뒷부분이 약간 비쳐 보이도록 설정되어 있습니다. 완벽하게 뒷면이 가려지지 않고, 약간씩 반투명한 형태로 전경색이 화면에 칠해지지요. 그래서 [브러시 도구]로 마스킹한다면, 물체가 완벽하게 지워지는 것이 아니라 군데군데 약간씩 흐릿한 형상이 남을 수도 있습니다.

사실 마스킹을 할 때는 브러시가 아니라 [지우개 도구 E] ✎를 사용하는 것이 정석입니다. [지우개 도구]는 완벽하게 불투명한 선을 남길 수 있습니다.

그런데 지우개는 이미지를 지우는 도구잖아요. [지우개 도구]가 선을 남긴다는 것이 무슨 뜻일까요?

윈도우에 기본으로 설치되어 있는 <그림판>과 같은 단순한 사진 편집 프로그램에서 지우개는 이미지를 지우는 것이 아니라 화면을 '배경색'으로 덧칠하는 도구입니다. 사진 위의 일부 영역을 배경색으로 덮어서 마치 지워진 것처럼 보이게 만드는 도구에요.

고성능 사진 편집 프로그램인 포토샵에서 지우개는 정말로 이미지를 지우는 용도로 사용되는 도구입니다만, 마스킹을 할 때는 이와 같은 구형 편집 프로그램의 흔적이 묻어납니다.

마스크 레이어를 선택하면 다음 그림과 같이 컬러 패널이 자동으로 변경됩니다. 원래 레이어의 전경색과 배경색이 어떻게 설정되어 있건 간에, 마스크 레이어를 활성화하면 기본적으로 흰색 전경색과 검은색 배경색이 설정됩니다.

왜냐하면 [지우개 도구]로 마스크 레이어 위에 배경색인 검은색을 덮어나가면서 작업하라는 의미거든요. 포토샵의 개발자들도 [지우개 도구]를 사용하여 마스킹 작업을 하는 것을 전제로 하고 있는 것으로 보입니다.

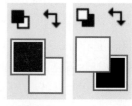

▲ 평상시
마스크 레이어 활성화 시 ▲

여하튼 마스크 레이어를 활성화했다면 이 상태에서 [지우개 도구 E] ✎를 활용하여 오른손의 팔을 지워보기 바랍니다. 마치 검은색 브러시로 덮는 것과 동일한 방식으로 팔이 가려질 것입니다. 마스크를 벗겨내어 지워진 이미지를 다시 복구할 때는 배경색을 흰색으로 바꾸고 다시 지우개로 지우면 되고요.

몇 번 더 연습해보기 바랍니다. 앞으로 본문에서는 마스킹을 수행할 때 [브러시 도구]가 아니라 [지우개 도구]를 사용하는 것을 전제로 설명하겠습니다.

누끼를 따는 세 번째 방법, 자석 올가미 도구

자, 누끼 따기 교실이 돌아왔습니다. <Source> 폴더의 'David_base. png' 파일을 포토샵에서 열어주세요. 오늘도 다비드 석상의 누끼를 따 보겠습니다. 이번에는 [자석 올가미 도구]를 사용해보겠습니다.

기본 포토샵 설정 기준으로 화면 좌측 도구 패널의 위에서 세 번째 아이콘을 몇 초간 꾹 눌러 선택 창을 팝업시키고 [자석 올가미 도구 Shift + L + L + L] 를 선택하세요.

[자석 올가미 도구]는 마치 밧줄로 만든 올가미처럼 마우스로 감싼 영역을 선택하는 도구입니다. 그런데 배경과 개체 사이를 섬세하게 드래그하며 선택하는 것은 무척이나 힘든 일이 아니겠습니까? 마우스 커서가 저절로 개체와 배경 사이를 인식하여 경계면에 착 달라붙으면 무척이나 작업이 수월할텐데 말이죠.

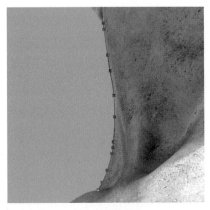

[자석 올가미 도구]가 바로 이런 역할을 합니다. 한번 [자석 올가미 도구]를 실행해보세요. 적당히 석상과 배경 사이의 경계면을 클릭하면 그 이후에는 자동으로 경계면을 인식하면서 커서가 자석처럼 달라붙습니다.

도중에 Space Bar 키를 누르면 자석의 활성이 일시정지됩니다. 누끼를 섬세하게 따고 싶다면 Space Bar 키를 눌러 가면서 마우스 커서를 꼼꼼하게 이동하기 바랍니다.

만약 급격하게 꺾어지는 모서리를 인식해야 하는 경우에는 모서리 지점을 한 번 클릭하면 인식이 잘 됩니다. 그리고 커서가 잘못 지나가 다시 진행하고 싶다면 Back Space 키를 누르면 됩니다. Enter↵ 를 누르거나 처음 클릭한 지점을 다시 클릭하면 선택 영역이 지정됩니다.

선택 작업이 끝났다면 Ctrl + J 를 눌러 누끼를 별도의 레이어로 복제하기 바랍니다.

---

1 맥OS에서는 Command + J

이미지를 흑백으로 전환하기

자, 마스크와 [혼합 모드]를 함께 사용해 아트워크를 제작해보겠습니다. 느낌 있는 아트워크 제작을 위해 원본 이미지를 흑백으로 변환해보겠습니다. 누끼 레이어가 아니라 원본 이미지가 표시된 [배경] 레이어를 선택하세요. 아, 혹시 자물쇠가 채워져 있다면 자물쇠도 풀어주세요. 그리고 상단 메뉴의 [이미지] > [모드] > [회색 음영]을 클릭합니다.

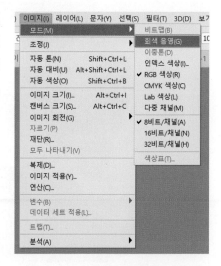

팝업창이 뜨면서 이미지를 배경으로 병합할지 물어봅니다. 이미지를 병합하면 모든 레이어가 하나로 합쳐지게 됩니다. 병합하지 않는다면 각각의 이미지가 흑백이 되지만 각 레이어가 담고 있는 이미지의 형태나 투명도 정보는 보전됩니다.

굳이 고생해서 누끼까지 따냈는데 이걸 다시 합쳐버리면 아깝죠? [병합하지 않음] 버튼을 선택하겠습니다.

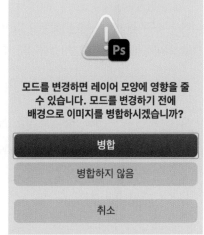

혹시 아래 그림처럼 색상 정보를 버리겠냐는 팝업창이 떠오르면 [버리기] 버튼을 선택하세요.

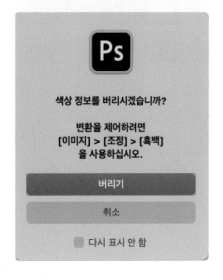

89

짠! 모든 레이어의 이미지가 흑백으로 바뀌었습니다! 그 와중에 '배경' 레이어의 이름이 '레이어 0'으로 변경되었네요. 헷갈리지 않게 '레이어 0'의 이름을 '배경'으로, '레이어 1'의 이름을 '다비드 복제'로 변경하겠습니다.

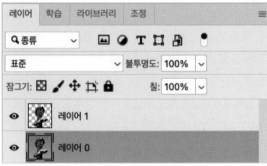

이어서 '배경' 레이어를 [숨김]해주고 '다비드 복제' 레이어 아래에 레이어를 하나 더 추가해주세요. 이 레이어의 이름을 '회색조 배경'으로 수정하겠습니다. 추가한 레이어를 회색으로 칠해주세요.

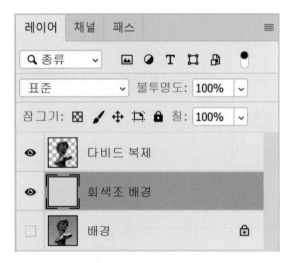

개체 누끼를 마스크로 바로 활용하기

<Source> 폴더 안에 있는 'Mountain.png' 파일을 레이어 위로 불러와봅시다. 다비드상 이미지가 완전히 가려질 수 있도록 크기와 위치를 지정해주세요. 현재 이미지의 색상 모드가 흑백 음영으로 변경되어 있으므로 외부에서 추가로 불러온 산 이미지 역시 흑백으로 표시됩니다.

자, 먼저 레이어 패널의 [다비드 복제] 레이어의 썸네일을 가져오겠습니다. Ctrl키를 누른 채 레이어의 썸네일을 클릭하세요. 오른쪽 사진처럼 다비드상의 누끼 테두리의 점선이 사진 위로 표시됩니다.

▲ Before

▲ Ctrl+클릭 후

레이어 패널의 산 레이어를 선택한 상태에서 [레이어 마스크 추가] 버튼을 눌러 레이어 마스크를 추가하기 바랍니다. 그러면 왼쪽의 사진처럼 산 이미지가 다비드상의 모양으로 잘려 나가게 됩니다.

레이어 패널을 살펴보겠습니다. 산 이미지에 적용된 마스크 썸네일을 보면 다비드상의 누끼가 있었던 영역은 하얗게, 나머지 영역은 검게 표시된 것을 볼 수 있습니다. 다비드상의 누끼가 있었던 영역만 표시되고 나머지는 모두 가려지겠죠? 결과적으로 다비드상 모양으로 산 이미지가 잘려 나가게 되었습니다. 이처럼 개체의 누끼 레이어를 바로 마스크로 활용할 수 있습니다!

마스크 복원으로 부드러운 느낌 주기

개체의 누끼를 바로 마스크로 적용하면 테두리가 칼로 자른 듯 또렷하게 구분됩니다. 석상 하단부의 또렷한 경계면의 느낌은 그대로 유지하면서, 상단에 있는 하늘과 구름의 이미지를 부드럽게 펼쳐내어 아트워크 위로 구름이 흘러가는 듯한 느낌을 줘보겠습니다.

이제 마스크 레이어의 검은색 영역 일부를 지우면서 구름 영역을 조금씩 살려내겠습니다. 레이어 패널에서 마스크 레이어를 선택하고 컬러 패널의 전경색이 흰색으로 설정되어 있는지 확인하세요.

그리고 [브러시 도구 B] 를 활성화한 다음, 마우스 오른쪽 버튼으로 화면을 클릭하여 브러시의 세부 설정 창을 열어줍니다. [크기] 슬라이더를 오른쪽으로 이동시키고 [경도]를 0%로 낮춰주세요. 이렇게 설정하면 브러시가 넓은 면적에 부드럽게 칠해집니다.

아래 그림을 살펴보기 바랍니다. 오른쪽의 둥글게 튀어나온 영역은 [경도]를 100%로 설정한 브러시로 마스크를 지운 결과물이며, 왼쪽은 [경도]를 0%로 설정하고 작업한 결과물입니다. [경도]가 높을수록 브러시가 지나간 경계선이 또렷해지고 [경도]가 낮을수록 경계선이 희미해져 보다 자연스럽게 표현됩니다.

구름 영역의 마스크를 지우면서 적당히 살려내 봤습니다. 이번에는 전경색을 검은색으로 바꾸고, 마스크 일부를 다시 그려 나가면서 산 이미지를 부드럽게 지워나가 보세요.

▲ 결과물

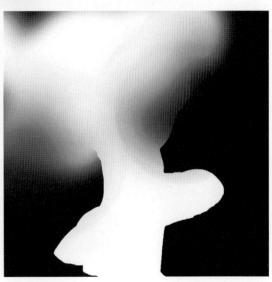

▲ 마스킹

이제 마무리 삼아 [혼합 모드]의 [밝게 하기] 기능으로 산과 하늘의 이미
지의 밝은 영역을 흑백 다비드상 영역 위로 합성하겠습니다.

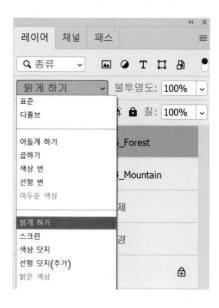

이렇게 또 아트워크가 하나 만들어졌네요.

이중 노출 느낌 합성하기

01 이중 노출이란?

과거 필름 카메라에는 빛을 받으면 화학적 상태가 변질되는 감광 물질로 만들어진 필름이 들어 있었습니다. 카메라의 셔터를 개방하면 외부의 빛이 카메라 내부로 쏟아져 들어오면서 필름 위에 빛이 쬐어지고, 이 과정에서 필름에 함유된 화학 물질의 성질이 변하면서 필름에 사진이 새겨집니다.

이때 카메라의 셔터를 개방하여 빛을 쬐어 주는 행위를 '노출'이라고 부릅니다. 빛을 장시간 쬐어주면 필름에 잔상을 길게 남길 수도 있습니다. '이중 노출'은 이름 그대로 한 장의 필름을 두 번 노출시키는 행위입니다. 처음에는 A라는 물체에 필름을 노출시키고, 동일한 필름으로 B라는 물체에 또다시 필름을 노출시킨다면 한 장의 필름에 A와 B의 이미지가 모두 새겨지겠지요?

이처럼 하나의 필름을 여러 번 노출시키면서 여러 상을 겹쳐 담는 기법을 '다중 노출' 기법이라고 부릅니다. 이미지가 서로 겹치면서 추상적인 느낌을 강화하거나 우연적인 효과를 노릴 수 있어 널리 사용되던 기법입니다. 현재는 필름 카메라가 더 이상 사용되지 않게 되어 포토샵 등 사진 편집 프로그램에서 여러 개의 상을 겹쳐 쌓는 행위를 의미하는 용어로 사용되고 있습니다.

산 이미지 위에 다른 자연 풍경을 겹쳐 가며 다비드상 위로 다양한 풍경이 겹치도록 합성해보겠습니다.

02 블렌딩 이미지 추가

<Source> 폴더의 'Forest.jpg' 파일을 레이어 위로 불러와 위치를 적당히 잡고 [밝게 하기]로 혼합해주세요.

▲ 이미지 추가

▲ [밝게 하기] 결과

다비드상의 얼굴 근처 영역에 구름이 지나치게 겹쳐 보이며 흰색 얼룩 같은 무늬가 생겨났습니다. 이 구름 영역을 지우기 위해 숲 레이어를 선택하고 [레이어 마스크 추가] 버튼을 눌러주세요.

이어 [전경색]을 검은색으로 설정하고, [경도]를 낮추고 [크기]를 키운 브러시를 활용하여 얼룩진 구름 영역을 슥슥 지우세요.

▲ 완성

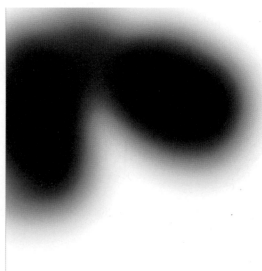

▲ 마스킹

03 구름 이미지를 얹어 마무리하기

마지막으로 <Source> 폴더 안에 있는 'Cloud.png'를 불러와 화면에 구름 느낌을 더해주면 완성입니다!

자연스러운 합성을 위해 반드시 알아야 하는 도구인 마스킹에 대하여 살펴봤습니다.

[혼합 모드]를 활용하여 여러 개의 리소스를 한꺼번에 섞다 보면 이미지의 경계면이나 화면의 정보가 지나치게 많이 겹치는 구간에서 원치 않은 결과물이 나올 수도 있습니다. 이럴 때 마스킹을 활용하면 무척이나 자연스러운 결과물을 만들 수 있습니다.

다중 노출 기법과 [혼합 모드]가 우연적인 표현을 만드는 도구라면 [마스킹]은 이를 자연스러운 영역의 결과물로 끌어내리는 도구라고 할 수 있겠네요. 합성 작업을 하면서 셀 수도 없을 정도로 자주 활용하게 될 기능이니 꼭 사용법을 마스터하기 바랍니다.

Client's Quest!

다음 분기에 개봉 예정인 영화의 포스터 제작을 의뢰하고 싶어요.
숲속에서 벌어지는 아기자기한 사건들과 러브스토리를 담은 스릴러 영화입니다. 주인공의 옆 얼굴 위로 숲 이미지를 합성해주세요! 배우가 현재 처한 상황은 어둡지만 숲속에는 밝은 빛도 있다는 사실이 부각되면 좋겠습니다.

▲ Before

▲ After

이번에는 영화 제작사에서 의뢰가 들어왔습니다! 스릴러 영화 포스터를 제작해달라는 요청입니다. 제작사 측에서 주인공 배우의 사진과 영화 촬영지 숲의 사진은 제공해줬습니다. 이 파일들은 <Extra> 폴더에 저장해뒀고요.
오늘은 이것까지만 끝내시면 퇴근하셔도 돼요. 힘내자고요!

Designer's Advise!

배경이 단색이라 누끼 따기가 쉬울 수도 있겠지만, 흑백이다 보니
색채 정보가 없어 특정 도구는 제대로 작동하지 않을 수도 있겠다
는 생각도 드네요. [자석 올가미 도구 ㄴ]를 활용하여 누끼를 따보
면 좋겠습니다.
클리핑 후에는 [혼합 모드]의 어떤 기능으로 숲 이미지를 얼굴 위
에 얹을 것인지에 대한 고민도 조금 필요할 것 같네요. 여러 기능들
을 적용하면서 스릴러 영화의 느낌과 가장 잘 어울릴만한 기법을
찾아보기 바랍니다.

다비드상 픽셀아트 합성

학습 목표

1. 포토샵에서 색상을 표현하는 방법에 대하여 배워본다.
2. 그레이디언트 맵을 활용한 간단한 듀오톤 표현 방법을 배워본다.

Contents	<제5장 다비드상 픽셀아트 합성> 폴더를 열어주세요.
	David_Bitmap.psd, David_Bitmap.jpg
Source	Flower base.jpg, Glitch.jpg,
	Pixel_sunglass.png, David_base.png
Extra	1.jpg, 1.psd

색상을 표현하는 방식이 여러 종류가 있다고요?

01 색상을 표현하는 원리를 왜 배워야 하나요?

포토샵은 디자인 작업을 위한 도구입니다. 완성된 디자인 결과물은 종이에 인쇄되거나 스마트폰 또는 모니터의 디스플레이 화면 위에서 소비되고요.

그런데 인쇄물과 디스플레이 화면이 색상을 표현하는 방식이 완전히 다르다는 사실을 알고 있나요? 인쇄물은 잉크 또는 물감을 섞어 가며 색상을 표현하는 반면, 디스플레이는 빛을 뿜어내며 색상을 표현합니다.

어린 시절 여러 색상의 물감을 섞어 본 기억을 떠올려보기 바랍니다. 물감은 섞으면 섞을수록 색이 어두워지며, 계속하여 섞다 보면 결국 검은색에 가까운 색이 되어버립니다. 이처럼 종이에 인쇄되는 인쇄물의 색상 표현은 '색을 섞으면 섞을수록 어두워지는 방식'으로 이루어집니다.

반면 디스플레이는 색을 섞을수록 밝아집니다. 빨간색 전구 빛과 녹색 전구의 빛을 한곳에 쬐면 노란색 색상이 보입니다. 이때 전구를 2개 다 켰으므로 밝기는 2배가 되겠지요?

이처럼 여러분이 만들 아트워크가 인쇄용인지, 혹은 스마트폰이나 컴퓨터 화면에서 표현되는 용도인지에 따라 색상을 표현하는 방식을 달리해야 합니다. 지금부터 빛의 삼원색과 색의 삼원색에 대하여 간단하게 살펴보고, 포토샵에서 색상 표현 방식을 변경하는 방법을 알아보겠습니다.

02 빛의 삼원색과 디스플레이의 색상 표현 원리(RGB)

빛의 삼원색은 소위 RGB[1]라 불리는 색의 표현 방식입니다. RGB 값은 각각 빨간색, 녹색, 파란색 빛을 얼마만큼의 비율과 밝기만큼 혼합할지를 결정하는 데이터입니다. 다음 그림을 보면 이 세 가지 빛을 섞어서 새로운 색상의 빛을 만들어내는 원리를 간단하게 이해할 수 있을 것입니다. 재미있게도 빛의 삼원색을 섞으면 색의 삼원색이 만들어집니다. 스마트폰, 컴퓨터의 모니터, 텔레비전 등 대부분의 전자기기 디스플레이는 RGB 방식으로 색상을 표현합니다. 다음 사진은 모니터의 디스플레이를 확대한 사진인데요, 자그마한 빨강, 녹색, 파란색 LED 칩이 다닥다닥 박혀 있는 것을 확인할 수 있습니다.

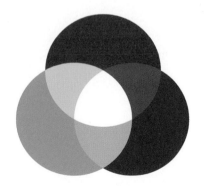

▲ 빛의 삼원색(RGB)

---

1   Red, Green, Blue의 약자

R, G, B 3개의 LED 칩을 한 세트로 묶어서 '화소'라는 용어로 부릅니다. 그러므로 '500만 화소 터치패널'이라는 용어는 'R, G, B 조명이 총 500만 세트 박혀 있는 터치패널'이라는 의미로 생각하면 되겠습니다.

JPG, PNG 등 대부분의 이미지 파일은 RGB 포맷을 활용합니다. 그리고 웹 디자인이나 앱 디자인은 거의 100% 확률로 디스플레이를 통하여 전달되므로 웹이나 앱 디자인을 할 때는 RGB 포맷으로 데이터를 저장하세요.

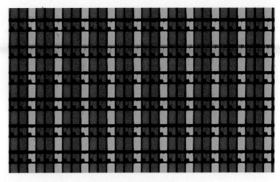

▲ 디스플레이 화소의 색상 구현 원리

03 색의 삼원색과 인쇄의 색상 표현 원리(CMYK)

색의 삼원색은 섞으면 섞을수록 어두워지는 물감이나 잉크의 특징을 담은 색상 표현 방법입니다. 색의 삼원색은 시안(Cyan), 마젠타(Magenta), 옐로(Yellow)로 구성됩니다. 시안이나 마젠타라는 용어는 처음 들어볼 수도 있겠네요. 왼쪽 그림에 표시된 자주색이 마젠타색이고, 우측 하단의 청록색이 시안입니다. 마찬가지로 색의 삼원색을 섞으면 빛의 삼원색이 만들어집니다.

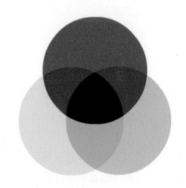

▲ 색의 삼원색(CMYK)

빛의 삼원색은 빛을 없애면 어두운 색을 표현할 수 있지만 색의 삼원색만으로는 명암을 표현하는 데에 한계가 있어 검은색(Key[2])을 함께 사용하고 있습니다.

다음 그림은 CMYK 4종의 잉크가 서로 섞이며 다양한 색상을 표현하는 원리를 표현하고 있습니다. 색의 삼원색을 적정 비율로 혼합하여 색상을 맞추고, 검은색을 적정량 섞어서 밝기를 맞춰주는 것이지요.

인쇄용 디자인 작업을 할 때는 CMYK 포맷으로 데이터를 저장해야 합니다.

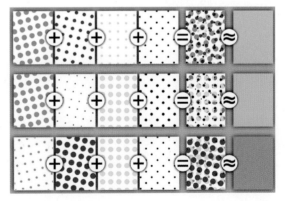

▲ 인쇄물의 색상 구현 원리

---

2   색 판화를 찍을 때 그림의 테두리를 찍어내는 판과 색상을 칠하는 판을 별도로 사용하는데, 이때 테두리를 인쇄하는 용도로 사용되던 인쇄판(key plate)에서 유래한 용어입니다. Black의 약자인 'B'를 사용하면 Blue와 헷갈릴 수 있으므로 약자로 'K'를 사용합니다.

색상 모드를 활용하여 색상 표현하기

01 색상 모드란 무엇인가요?

여러분은 포토샵의 작업 화면을 디스플레이를 통해서 실시간으로 확인하게 됩니다. 따라서 여러분이 작업하는 포토샵의 화면은 RGB로 표현되고 있습니다. 그런데 인쇄소에서는 CMYK로 색상을 표현하기 때문에 인쇄된 결과물은 여러분이 화면으로 보던 것과는 색감이 다를 수밖에 없습니다.

색상 모드는 RGB, CMYK 등 포토샵에서 작업 중인 이미지의 색상을 표현할 방법을 설정하는 방식입니다. 따라서 작업할 디자인이 인쇄용인지 웹용인지 결정했다면 반드시 그것에 맞게 설정값을 선택해야 합니다.

이 두 가지 모드 외에도 다양한 모드를 지원합니다. 앞으로 여러분들이 실무에서 가장 자주 쓰게 될 다섯 가지 모드를 살펴보겠습니다.

02 색상 모드의 지정 방법

색상 모드를 지정하려면 상단 메뉴 바에서 [이미지] > [모드]를 차례로 클릭한 후 오른쪽 메뉴창에서 상세 기능을 선택하면 됩니다. <Source> 폴더의 'Flower base.jpg' 파일을 대상으로 몇 가지 색상 모드를 적용한 결과물을 소개하겠습니다.

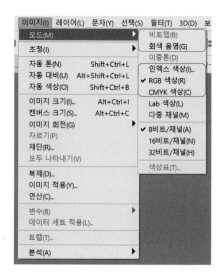

03 색상을 표현하기 위한 모드들

컬러 색상을 표현할 때는 주로 [RGB 색상], [CMYK 색상], [인덱스 색상] 모드가 사용됩니다. 세 가지 실행 결과의 색감 차이가 눈으로 느껴지시나요?

▲ [RGB 색상] 모드   ▲ [CMYK 색상] 모드   ▲ [인덱스 색상] 모드

[RGB 색상] 모드는 RGB 포맷으로 색상을 표현하기 위한 모드로, 디스플레이용 디자인을 할 때 선택하면 됩니다. [CMYK 색상] 모드는 인쇄용 디자인 작업 시 활성화하면 되고요.

그렇다면 [인덱스 색상] 모드는 무엇일까요?

이론상 RGB 모드는 대략 1,680만 개의 색상을, CMYK 모드는 대략 1억 개의 색상을 표현할 수 있습니다. 그만큼 색상 정보를 저장하는 데에 큰 용량이 필요합니다.

반면 [인덱스 색상] 모드는 미리 설정된 샘플 색상 256가지만을 사용할 수 있습니다. 흔히 오래된 전자기기에서 지원하는 '8 bit 색상'이 바로 인덱스 색상과 같은 의미입니다. 표현할 수 있는 색상의 종류가 매우 협소하지만 그만큼 색상을 저장하는 데에 필요한 용량이 적으므로 작업 결과 파일의 용량이 줄어듭니다. 따라서 빠르게 로딩되어야 하는 웹페이지나 앱을 디자인하는 등의 상황에서 사용하기 쉽습니다.

04 흑백 색상을 표현하기 위한 도구들

[회색 음영] 모드는 가장 어두운 영역부터 가장 밝은 영역까지, 총 256단계의 밝기를 활용하여 이미지를 흑백으로 표현합니다. 가장 어두운 검은색의 밝기는 0이며 가장 밝은 하얀색의 밝기는 255입니다. 화면 대부분이 회색조(gray scale)로 표현됩니다.

▲ [회색 음영] 모드

▲ [비트맵] 모드

반면 [비트맵] 모드에는 회색이 존재하지 않습니다. 오로지 흰색과 검은색으로 사물을 표현합니다. 마치 서양 회화의 점묘화 기법과 같이 어두운 영역에는 검은색 점을 많이 찍고, 밝은 영역에는 조금만 찍는 방식입니다. 이번 Chapter 에서 살펴본 모드 중에서 가장 적은 용량으로 이미지를 표현하는 방식입니다.

비트맵 이미지 제작하기

01 [비트맵] 모드 선택이…. 어라, 안 되잖아?

<Source> 폴더의 'David_base.png' 파일을 포토샵으로 불러옵니다. 이번에는 누끼를 따지 않고 실습합니다.
상단 메뉴 바의 [이미지] > [모드] > [비트맵]을 클릭하려고 하는데, 이럴 수가. [비트맵] 메뉴가 클릭이 되지 않도
록 막혀 있습니다!

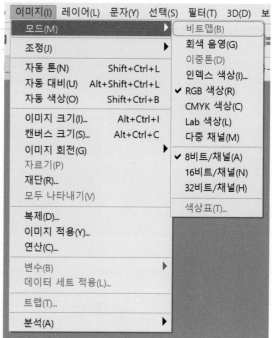

02 [회색 음영] 모드로 변경하기

[비트맵] 메뉴를 활성화하려면 먼저 이미지를 [회색 음영] 모드로 처리하여 흑백 이미지로 변환해야 합니다. 상단 메뉴 바의 [이미지] > [모드] > [회색 음영]을 선택하여 이미지를 흑백으로 변환합니다.

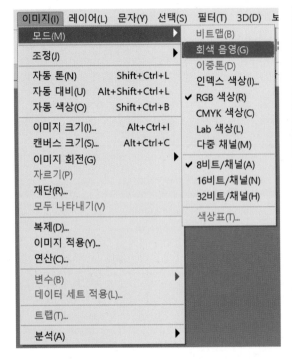

이제 다시 [이미지] > [모드] > [비트맵] 메뉴를 확인하세요. 어떤가요? 이번에는 활성화되어 있죠? 이미지를 [비트맵] 모드로 변환하면 색상은 물론 밝기 정보도 모두 사라지게 되므로, 혹시 실수로 원본 이미지의 정보가 훼손되지 않도록 포토샵의 개발자들이 색상 모드를 바로 [비트맵] 모드로 전환하는 것을 막아뒀습니다.

우리는 이미지 용량을 압축하기보다는 [비트맵] 모드를 활용하여 아트워크를 제작해 볼 것이므로 여기서 바로 [비트맵]을 누르지 않겠습니다.

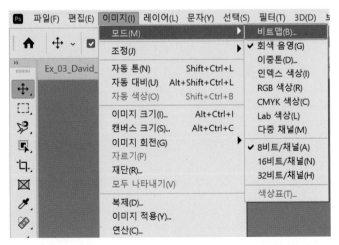

앞서 [비트맵] 모드는 점묘화처럼 명암을 표현한다고 설명했습니다. 그렇다면 저화질의 [비트맵] 모드 이미지에서는 콕콕콕콕 찍혀 있는 검은색 점이 더 크게 보이겠지요? 이러한 질감을 표현의 재료로 삼아보겠습니다.

상단 바 메뉴의 [이미지] > [이미지 크기]를 클릭하면 [이미지 크기] 설정 창이 팝업됩니다. 여기에서 폭과 높이를 모두 480픽셀로 설정하겠습니다. [확인] 버튼을 눌러 볼까요?

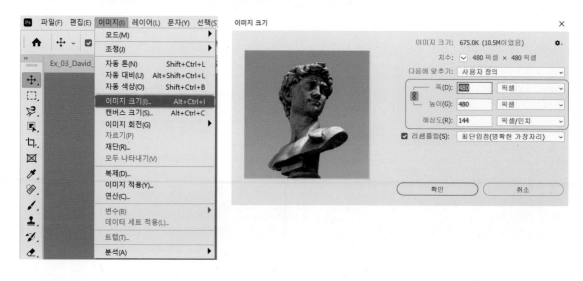

다비드상의 픽셀 느낌이 눈으로 보이기 시작합니다. 이제 준비가 끝났습니다.

03 [비트맵] 모드의 적용

상단 메뉴바의 [이미지] > [모드] > [비트맵]을 클릭하세요. 그러면 [비트맵] 설정 창이 팝업됩니다.

[비트맵] 모드는 색상 정보는 모두 날려버리고 흰색 점과 검은색 점만으로 사물을 표현하잖아요? 그러다 보니 얼마나 어두운 영역에 얼마나 높은 밀도로 검은색 점을 찍을지가 무척이나 중요합니다. 이를 계산하는 방법을 수학자들이 열심히 연구해뒀습니다. 우리는 클릭만 하면 되고요!

팝업창 하단의 [방법] 메뉴에서 [사용] 항목을 변환하는 것으로 여러 방식의 비트맵 제작을 할 수 있습니다.

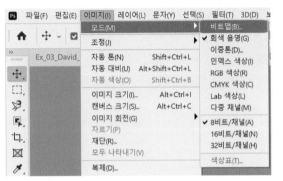
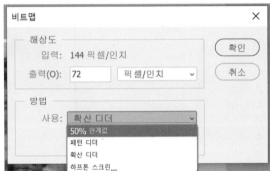

[50% 한계값]은 사진 내에서 가장 밝은 영역의 밝기를 100%로, 가장 어두운 곳을 0%으로 뒀을 때 50%보다 어두운 곳은 전부 검게, 50%보다 밝은 영역은 전부 하얗게 표현하는 기법입니다. [패턴 디더]는 패턴을 가진 도트 이미지로 이미지를 표현하는 기법이며, [확산 디더]는 픽셀을 확산시키는 듯한 모습으로 이미지를 표현합니다.

우리는 [하프톤 스크린]을 사용해보겠습니다. [하프톤 스크린] 기법은 인쇄기법의 일종인 '망점' 기법을 흉내 내는 기법입니다. 화면에 마치 격자무늬로 배열된 점이 콕콕 찍히는 것처럼 흑백으로 변환됩니다. [하프톤 스크린]을 선택하면 팝업창이 하나 더 나타납니다.

▲ 50% 한계값

▲ 패턴 디더

▲ 확산 디더

▲ 하프톤 스크린

망점 격자를 어떤 각도, 모양, 비율로 배치할 것인지를 설정하는 창입니다. 각자의 취향껏 수치를 조절해보기 바랍니다. 여기에서는 선 수는 280, 각도는 90, 모양은 [십자형]으로 설정하겠습니다.

이미지를 비트맵화했을 뿐인데 벌써 아트워크의 느낌이 풍기기 시작하고 있습니다!

아트워크 작업을 위해
RGB 모드로 다시 복귀하기

자, 우리 목표는 흑백 LCD 화면에서 사용할 비트맵 이미지를 만드는 것이 아니라 아트워크를 만드는 것이므로 다시 이미지를 [RGB 모드]로 변경하겠습니다. '조립은 분해의 역순'이라는 말 들어봤나요? 포토샵도 마찬가지입니다. 이미지를 다시 [회색 음영]으로 변환한 다음 [RGB 색상]으로 변환하세요.

자, 그리고 우리는 [비트맵] 모드의 점묘화적 성격을 극대화하기 위하여 원본 이미지 크기를 작게 줄었죠? 이 이미지도 다시 크게 확대하겠습니다. [이미지 크기] 도구를 활용해서요.

그런데 그냥 확대하면 픽셀의 테두리가 뭉쳐져 경계선이 불명확하게 표현됩니다. 이때 [리샘플링] 항목을 [최단입점(명확한 가장자리)]으로 선택하면 더 명확하고 또렷한 이미지를 얻을 수 있습니다.

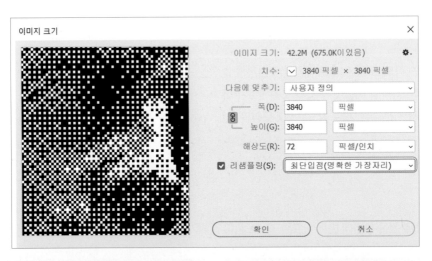

▲ 리샘플링: 자동

▲ 리샘플링: 최단입점(명확한 가장자리)

픽셀 유동화를 활용한 이미지 변화

픽셀 유동화(Liquify)는 이미지를 구성하는 픽셀을 마치 흐느적거리는 액체처럼 밀거나 당기면서 아트워크를 편집하는 기법입니다. 그리고 인물 사진을 대상으로 픽셀 유동화를 실행하면 이목구비를 자동으로 인식하므로 인물 편집에도 유용합니다.

상단 메뉴 바의 [필터] > [픽셀 유동화 Shift + Ctrl + X]]를 클릭합니다.

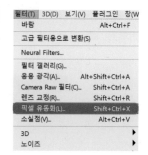

[픽셀 유동화] 팝업창이 떠오릅니다. 창 좌측 상단에 손가락 모양의 도구가 있습니다. 이 도구를 클릭한 다음 브러시를 칠하듯 이미지 위를 드래그하면 됩니다. 브러시의 크기나 압력 등은 우측의 [속성] 창에서 세부 조정할 수 있습니다. [확인]을 클릭합니다.

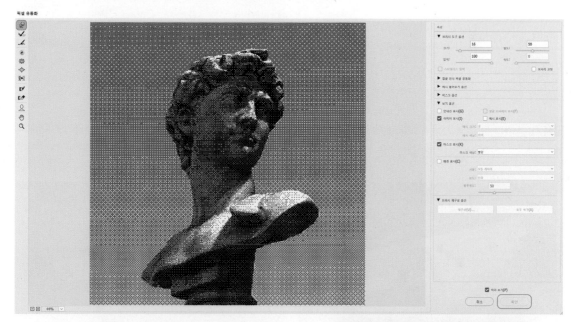

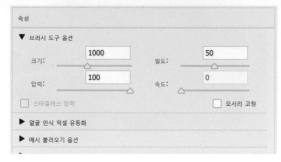

인싸픽! 픽셀 선글라스 장식

<Source> 폴더의 'Pixel_sunglass.png' 파일을 드래그 앤 드롭하여 불러오고 크기와 위치를 조정하여 다비드상에 씌워줍니다. 픽셀아트와 대비되는 커다란 픽셀로 구성된 선글라스를 더하여 힙한 분위기를 더하는 것입니다.

단축키 Ctrl+J를 눌러 선글라스를 한 번 더 복제하고, 단축키 Ctrl+I를 눌러 색상을 반전시켜 흰 선글라스 이미지를 만듭니다. 흰색 선글라스를 살짝 이동시켜, 아래쪽 검은색 선글라스가 그림자처럼 보이게 만들어보세요.

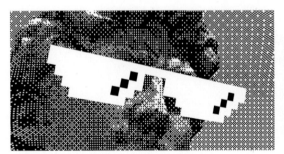

그레이디언트 맵을 활용한 듀오톤 구현

레이어 패널 하단의 [조정 레이어] 버튼을 클릭하고 [그레이디언트 맵]을 눌러 주세요. [그레이디언트 맵] 패널이 표시됩니다. 기본적으로 전경색과 배경색 사이에서의 그라데이션을 표현하도록 설정되어 있습니다. 현재는 그레이디언트가 흰색과 검은색 사이로 설정되어 있으므로 화면에 표시되는 아트워크도 흑백 이미지로 표현됩니다.
색상 바를 클릭해주세요.

업계 용어 사전 | 듀오톤

듀오톤(Duotone)은 검은색과 다른 색, 총 2개의 색상으로 이미지를 표현하는 기법을 의미합니다. 흑백 이미지의 느낌이 나기는 하는데 흰색 대신 다른 색상이 화면에 표시되는 형태라 생각하면 됩니다. 혹은 검은색 대신 다른 색을 활용하기도 합니다.

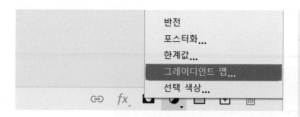

[그레이디언트 편집기] 창이 팝업됩니다. 슬라이드 아래에 있는 작은 상자 모양 아이콘을 클릭하면 색상 부분이 활성화됩니다. 이 상태에서 아이콘을 더블 클릭하면 색상을 선택할 수 있게 됩니다. 색상을 여러분의 취향대로 바꿔봅시다. 여기서는 오른쪽 사진처럼 그레이디언트를 자주색(#A200FF)에서 주황색(#FFCE26)까지로 설정하겠습니다.

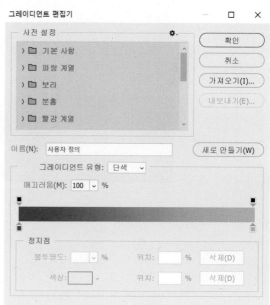

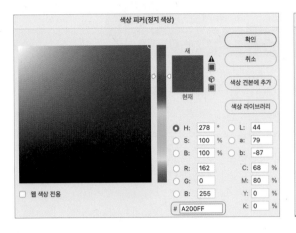

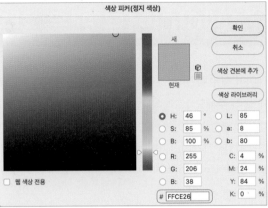

짜잔! 주황색과 자주색으로 구성된 듀오톤 이미지 제작이 완료되었습니다!

혼합 모드를 활용한 글리치 효과 합성

[혼합 모드]를 활용하여 아트워크에 효과를 더해보겠습니다. <Source> 폴더의 'Glitch.jpg' 파일을 드래그하여 아트워크의 위에 얹어주세요. 그리고 크기와 위치를 적당히 고쳐보세요.

[혼합 모드]를 활용하여 글리치 효과를 여러분의 취향껏 다비드상에 합성하기 바랍니다. 본문에서는 [스크린] 모드를 적용했습니다. 짜잔, 세상 힙한 다비드상 픽셀 아트워크 완성입니다!

Designer's Comment!

이번 Chapter에서는 색상 모드에 대해 배워봤습니다. 그리고 그중 하나인 [비트맵] 모드를 활용하여 아트워크에 재미있는 효과를 표현하는 기법도 체험해봤고요. [비트맵] 모드는 무척이나 단순하고 간단해 보이는 기능이지만 다양한 효과를 활용하여 멋진 아트워크를 제작할 수 있는 도구입니다.

또한 사진 이미지를 대상으로도 픽셀 이미지의 질감을 표현할 수 있다 보니 디지털 아트를 제작할 때 많이 사용됩니다. 아울러 그레이디언트 맵은 이미지 전체나 일부의 느낌을 효과적으로 전환할 수 있는 도구이므로 사용법을 꼭 숙지해 두시기 바랍니다.

이번 Chapter에서 사용해본 도구들은 제각기 다양한 세부 설정이나 수치의 조정 기능을 지원합니다. 이러한 수치를 어떻게 설정하느냐에 따라 전혀 다른 느낌의 아트워크가 제작될 수도 있으니 다양한 도구를 사용해보며 시행착오를 겪어보기 바랍니다.

Client's Quest!

안녕하세요, 저는 게임 제작 스튜디오의 대표입니다.
이번 신작에 움직이는 석상이 보스 몬스터로 삽입될 예정인데요, 뭔가 느낌이 확 오는 디자인이 떠오르지 않아서 의뢰를 드리려고 합니다.
석상으로 픽셀 게임의 느낌이 확 살아나는 아트워크를 제작해서 우리 디자이너 팀원들에게 영감을 제공해주세요!

▲ Before

▲ After

오호라. 이번에는 인쇄될 이미지가 아니라 내부에서 다시 디자인 회의를 할 때 사용할 참고자료를 제작해달라는 요청이군요! 어찌 보면 우리의 미적 감각과 수준이 드러나는 의뢰다 보니 오히려 더 부담스러울 수도 있겠습니다.
저는 관련 분야의 다른 게임 사례를 수집해볼 테니 다비드상 이미지를 활용해서 픽셀아트 느낌을 만들어 봐주실래요? 다 끝나면 퇴근해도 좋아요!

[비트맵] 모드와 [그레이디언트 맵]을 적절히 혼용하여 보기 바랍니다. 그리고 이미지의 크기를 과감하게 축소하여 픽셀의 성질이 더더욱 두드러지는 이미지를 제작해보세요!

다비드상에 홍대 패션 합성

학습 목표

1. 영역 설정을 적재적소에 활용하는 감각을 익혀본다.
2. 퍼펫 뒤틀기를 활용한 자유 변형에 대해 배워본다.

Contents	<제6장 다비드상에 홍대 패션 합성> 폴더를 열어주세요. David_Paint over.psd
Source	David_base.png, Model_01.jpg, Wall.jpg
Extra	달걀.jpg, 비니.jpg, 달걀 비니.jpg, 달걀 비니.psd

다비드 뒤에 배경 놓기

'David_base.png' 파일을 엽니다. 각자 원하는 방식으로 다비드 조각상의 배경을 지웁니다.

레이어 패널에서 준비된 벽 이미지(Wall.jpg)를 다비드 조각상 뒤에 위치시킵니다.

다비드 옷 입히기

다비드 조각상에 옷을 입혀보려고 합니다. 준비된 모델 이미지(Model_01.jpg)를 불러오세요. 조각상 이미지에 입힐 것이기에 조각상의 윗부분만 누끼를 따는 작업을 해보겠습니다. 원하는 방식으로 해도 좋으며 이미지와 배경이 비교적 명확하게 분리되어 있기에 저는 [자석 올가미 도구 Shift + L + L + L]] 🐾를 선택하여 빠르게 진행하겠습니다.

이렇게 선택된 부분만을 단축키 Ctrl + J 를 사용해 복제합니다.

퍼펫 뒤틀기를 활용해 옷 맞추기

복제한 옷 레이어를 선택한 상태에서 [편집] > [퍼펫 뒤틀기]를 선택합니다. 퍼펫 뒤틀기(Puppet Warp)란 퍼펫 인형(꼭두각시 인형)을 떠올려 이해하면 됩니다. 퍼펫 인형에는 위쪽에 인형을 조종할 수 있는 끈이 달린 핀이 있을 것입니다. 이처럼 포토샵에서 핀을 설정해서 원하는 대로 움직인다고 이해하면 됩니다. 퍼펫 뒤틀기를 활성화하면 이미지가 균일하게 유기적으로 움직이게 변하고 원하는 곳에 핀을 심어놓고 이동하면서 이미지를 변형합니다.

필요한 부분에 마우스를 가져가면 핀을 꽂을 수 있습니다. 뼈를 심는다고 생각하고, 움직이고 싶은 곳 또는 고정하고 싶은 곳 모두에 핀을 설치합니다. 옷을 석상의 골격에 맞추기 위해 옷 이미지에 변화를 주어야 합니다. 이러한 작업을 할 때 우측 레이어 창에서 불투명도를 낮추면 보기 편합니다.

다음과 같이 핀을 꽂습니다.

설치된 핀을 활용해 드래그하며 옷을 석상의 크기에 맞춰봅니다.

Enter↵ 키를 눌러 확정한 후 불투명도를 복원합니다.

펜 도구 사용법을 배워볼까요?

01   [펜 도구]의 사용법을 왜 알아야 하나요?

종이 위에 그림을 그릴 수 있는 도구 중 가장 흔하면서도 가장 자유도가 높은 도구가 바로 펜입니다. 포토샵의 [펜 도구]도 자유도가 높다 보니, 정교한 이미지 활용이 필요한 부분에서 꼼꼼한 작업을 수행할 때 주로 사용합니다.

예를 들어 앞서 살펴본 반자동 방식의 누끼 따기 기법은 테두리가 정교하게 선택되지 않습니다. 하지만 우리가 [펜 도구]를 활용하여 다비드 상의 테두리를 한 땀 한 땀 손으로 따낸다면 시간은 오래 걸릴지언정 그 퀄리티는 월등하겠지요?

디자인 세계에서는 '빨리 만들기'보다는 '잘 만들기'가 더 중요한 경우가 많으므로 아직도 [펜 도구]는 가장 널리 사랑받는 도구 중 하나입니다.

업계 용어 사전 | 펜 도구

펜 도구(Pen Tool)는 펜을 들고 종이 위에 그림을 그리듯, 마우스 커서를 활용하여 화면에 펜처럼 그림을 그릴 수 있는 도구입니다.

펜 도구의 가장 큰 장점은 높은 자유도이며, 가장 큰 단점 역시 높은 자유도입니다. 이를테면 디지타이저를 활용하여 펜 도구로 그림을 그릴 때, 높은 자유도로 인하여 미세한 손떨림까지 모두 그림에 반영될 가능성도 있습니다.

포토샵에서는 이러한 문제를 보완하면서 높은 자유도만 활용할 수 있도록 다양한 기능들이 제공됩니다.

02   [펜 도구]의 사용 방법

포토샵 왼쪽 메뉴 바에서 다음과 같은 아이콘을 찾아 클릭하면 [펜 도구]를 사용할 수 있습니다. [펜 도구]를 꾹 누르고 있으면 여러 하위 도구들이 표시됩니다. 이 중에서 가장 많이 사용되는 것은 맨 위에 있는 [펜 도구 P] 입니다.

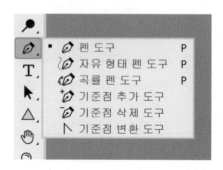

그 외의 [자유 형태 펜 도구]나 [기준점 추가 도구] 등의 기능들도 무척이나 자주 사용됩니다. 특히 [펜 도구]를 사용하는 도중, 작업을 중단하지 않은 채 그때그때 도구만 바꿔 가면서 작업 결과물을 실시간으로 수정해나갈 수 있어 유용합니다. 각각의 활용 방법에 대해서 알아보겠습니다.

03 [펜 도구]

[펜 도구]는 기본적인 펜 도구이며 가장 많이 사용되는 편입니다. 텅 빈 백지 레이어를 만들고, 그 위에 [펜 도구 P] ∅.를 클릭해보세요. [펜 도구]로 화면을 처음 클릭하면 해당 지점에 점이 하나 찍히게 됩니다. 이 점은 기준점의 역할을 합니다.

▲ 기준점 실정

여러분이 화면의 다른 곳을 클릭하면 새로운 점이 찍히며, 기준점과 새로운 점 사이를 잇는 선이 생겨납니다. 이때 마우스 버튼을 클릭하는 방식에 따라 선분(직선)이나 곡선이 그려집니다.

단순히 다른 영역을 한 번 클릭하면 새로운 기준점이 그려지며 직선 형태의 선이 그려집니다.

▲ 클릭

하지만 두 번째 점을 클릭할 때 마우스 포인터를 바로 떼지 않고, 꾹 누른 채로 화면을 드래그하면 곡선이 만들어지게 됩니다. 이때 드래그하는 마우스 포인터의 각도에 따라 곡선의 방향성이 결정되며, 드래그하는 거리에 따라 곡선이 휘어지는 정도가 달라집니다.

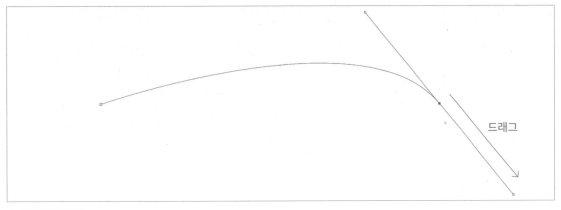

▲ 클릭 후 드래그

마지막으로 찍은 점 주위에 표시되는 보조선은 [핸들]이라 부르는 도구입니다. 핸들을 클릭하고 드래그하여 곡선의 형태를 수정할 수 있습니다.

화면에 여러 번 곡선을 그어 보면서 선이 휘어지는 정도와 감도를 익혀보세요. 단축키 Ctrl+Z를 눌러가며 점을 찍었다 지웠다 반복하시며 [펜 도구]의 사용법에 익숙해지기 바랍니다.

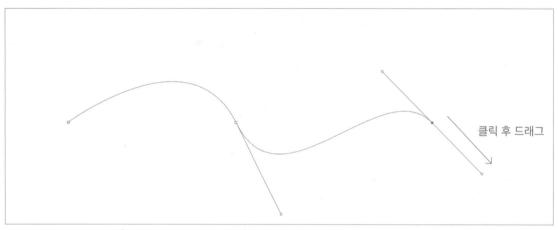

▲ 곡선에 곡선 이어 그리기

한 번 곡선을 그렸다면, 여기에서 이어지는 새로운 곡선을 그릴 때도 자연스럽게 곡률이 이어지게 됩니다. 대신, 각도를 자연스럽게 표현하려는 성질 때문에 갑작스레 확 꺾어지는 선은 표현이 어렵습니다. 확 꺾어지는 선은 어떻게 만들어야 할까요?

오른쪽에 새로 찍은 점을 Alt키를 누른 채로 클릭했습니다. 점 끝에 있던 핸들의 형태가 변했습니다. 원래는 점의 양쪽에 핸들이 생겨났는데 이번에는 한쪽만 핸들이 생겨났습니다. 이제 이 점에서는 더 이상 물 흐르듯 자연스러운 곡선을 더 이어 그리지 않겠다는 의미입니다.

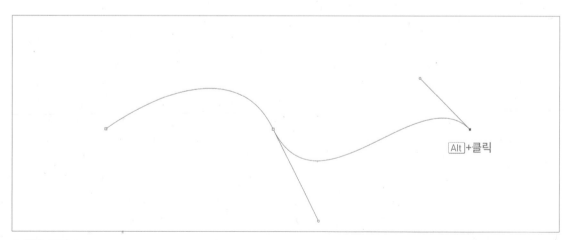

▲ Alt+클릭

이 상태에서 새로운 곳에 점을 찍고 선을 그어보기 바랍니다. 원래 있었던 선과 자연스러운 각도를 이루려는 성질이 사라지고, 확연히 꺾인 획을 그릴 수 있게 되었습니다!

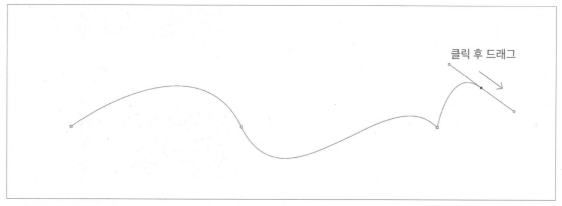

▲ 새로운 선 그리기

혹은 이미 그려둔 선의 중간에 있는 기준점을 Alt 키를 누른 채로 클릭하면 그 점의 곡선이 모퉁이점으로 변합니다.

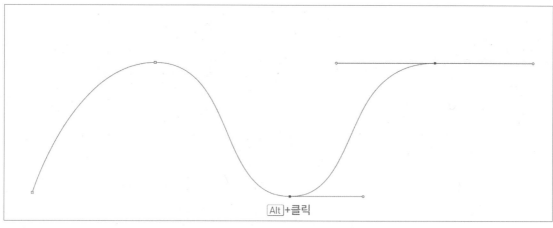

▲ Before

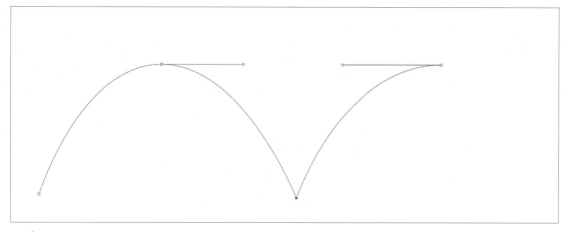

▲ After

04 [기준점 변환 도구]

핸들의 끝이나 곡률의 점 부분에 마우스 커서를 갖다 대고 Alt 키를 누르면 커서 모양이 [기준점 변환 도구] ⌐ 로 변경됩니다. 사용법이 무척이나 간단하지요?
이 상태로 기준점이나 핸들을 클릭하면 선의 형태를 변경할 수 있습니다.

먼저 핸들을 클릭해 볼까요? 핸들의 한쪽 끝을 클릭한 채 드래그하여 한쪽 곡선만 모양을 바꿀 수 있습니다.

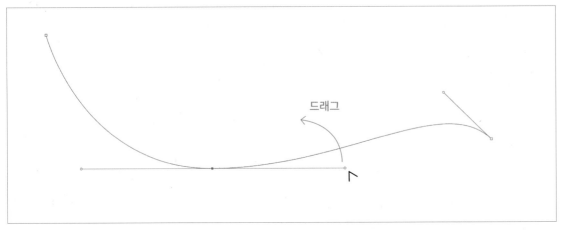

▲ Before

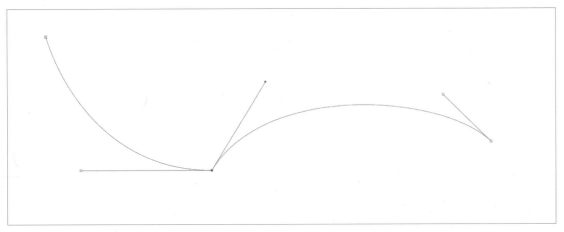

▲ After

점을 클릭하고 드래그하면 해당 기준점의 좌우 곡률을 통째로 수정할 수 있고요!

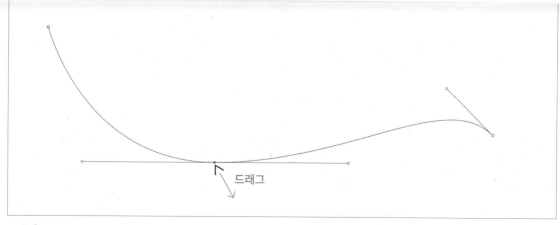

▲ Before

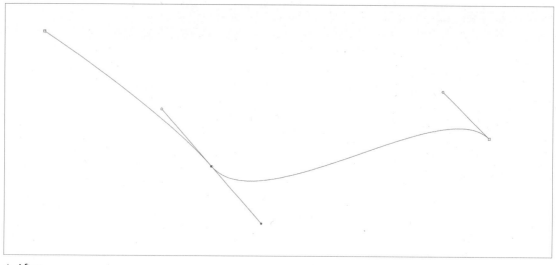

▲ After

05 [기준점 추가 도구]와 [기준점 삭제 도구]

[펜 도구]가 활성화된 상태에서 마우스를 선 위로 가져가면 커서 근처에 '+' 아이콘이 생깁니다. [기준점 추가 도구] ✐ 가 활성화된 것이지요. 이 상태에서 선을 클릭하면 해당 위치에 기준점이 새로 생겨납니다.

반대로 마우스를 기준점 위로 가져가면 [기준점 삭제 도구] ✐ 가 활성화되며 '-' 아이콘이 생기고요. 이 상태에서 기준점을 선택하면 해당 점이 삭제됩니다.

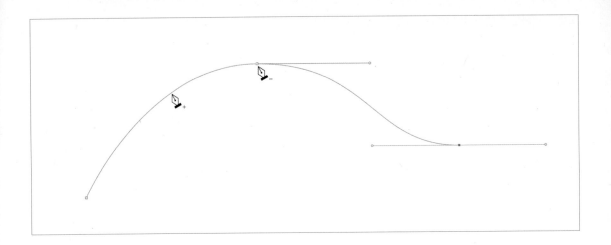

06 [곡률 펜 도구]

[곡률 펜 도구] 🖋 를 사용하면 처음에는 직선이 그려지지만, 이후에는 기준점의 위치들을 계산하여 부드럽게 이어
지는 곡선이 만들어지게 됩니다.

▲ 처음에는 직선

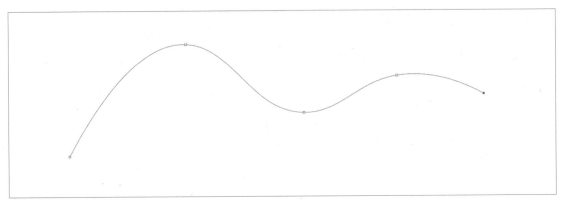

▲ 이후 자연스러운 곡률 수정

펜 도구로 다비드상 머리카락 누끼 따기

자, 지금부터 다비드상의 머리카락을 염색시키기 위해 누끼를 먼저 따보겠습니다. [펜 도구 P] ∅. 를 사용해 필요한 영역만 선택해주세요. 한 가지 꿀팁이 있는데요, 다비드상은 이미 배경과 분리가 되어 있으므로 바깥쪽 영역은 여유를 크게 두고 클릭해도 괜찮습니다.

선택이 모두 끝났다면 마우스 오른쪽 버튼을 클릭하고 [선택 영역 만들기] 메뉴를 클릭합니다. 팝업 창이 열리면 [확인]을 클릭합니다.

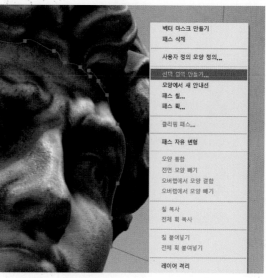

여기까지 했다면 다비드상의 머리카락만 선택이 완료되었습니다. 단축키 [Ctrl]+[J]'를 눌러 머리카락 부분만 별도의 레이어로 복제합시다.

1   맥OS에서는 [Command]+[J]

머리 염색하기

레이어 패널에서 머리카락 레이어의 썸네일을 찾고, Ctrl 키[2]를 누른 채로 클릭해주세요. 그러면 머리카락 영역만 선택 영역으로 활성화됩니다.

머리카락 레이어 위에 레이어를 하나 추가하고, 레이어 위에 편한 방식으로 색상을 칠해보세요. Ctrl + Back Space, Alt + Back Space, [페인트 통 도구], [브러시 도구] 등을 사용할 수 있습니다.

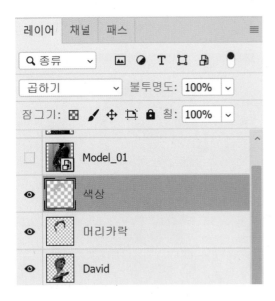 

이어 두 레이어를 [혼합 모드]를 활용하여 머리카락과 합성합니다. [색상]이나 [곱하기] 모드 등을 사용해보세요. 자연스러운 염색 머리가 완성되었습니다!

▲ [색상] 모드

▲ [곱하기] 모드

이번 Chapter에서는 [펜 도구]를 배웠습니다. [펜 도구]는 포토샵뿐만 아니라 일러스트레이터나 애프터 이펙트 등, 어도비의 다른 프로그램에서도 공용으로 사용되는 도구입니다. 한 번 제대로 연습해두면 다른 프로그램을 넘나들면서도 물 흐르듯 자연스러운 디자인 작업이 가능해지므로 꼭 숙지하기 바랍니다.

그리고 본격적으로 디테일한 영역 설정 실습을 시작했습니다. [자석 올가미 도구]나 [펜 도구] 등의 다양한 방법을 적재적소에 올바르게 사용하기 바랍니다. 필요한 만큼만의 리소스를 투입하여 시간을 절약하는 것 또한 무척이나 중요한 전문가의 덕목이니 효율성을 지향하며 많은 연습을 해보세요.

Client's Quest!

안녕하세요. 우리는 달걀을 위한 패션 소품을 만드는 회사입니다.
이번에 개발한 신제품 달걀용 비니를 달걀 모델의 머리 위에 합성해주세요!

▲ Before

▲ After

달걀과 패션 소품이 어울리는지 잘 모르겠지만 의뢰가 들어왔으니 작업은 해야겠지요.
<Extra> 폴더에 '달걀.jpg'와 '비니.jpg' 파일을 넣어뒀어요. '비니.jpg'에서 비니 이미지를 따 와서 달걀에 합성해주세요!

자연스러운 누끼 따기와 합성을 마쳤다면 자연스럽게 그림자를 넣는 방식에 대해서 고민해보기 바랍니다. 달걀의 표면은 둥근 형태이므로 모든 영역에서 전부 다른 각도로 빛과 만나게 됩니다.
비니를 씌우기 전 원본 달걀의 그림자를 잘 관찰하고, 그 영역과 유사한 영역 위로 그림자가 지도록 합성해보세요.

다비드상에 선글라스 합성

학습 목표

1. 다양한 영역 설정을 적재적소에 활용하여 아트워크를 배워본다.
2. 색상 범위를 활용한 영역 설정에 대해 배워본다.

Contents   <제7장 다비드상에 선글라스 합성> 폴더를
열어주세요.
David_Sunglass.psd,
David_Sunglass.jpg

Source   Model_02.jpg, Sunglasses.jpg,
David_Paint over.psd

Extra   달걀 비니.jpg, 안경.jpg,
달걀 비니 안경.jpg, 달걀 비니 안경.psd

선글라스 씌우기

이번 Chapter의 실습은 지난 장에서 이어서 진행됩니다. 6장의 실습을 진행하지 않았다면 <Source> 폴더의 'Da-vid_Paint over.psd' 파일을 실행해주세요.

자, 다비드상에 선글라스를 씌워보겠습니다. 선글라스를 레이어 위로 불러와주세요.

선글라스 이미지는 정면에서 찍은 상태입니다. 그런데 안경다리가 슬쩍 비쳐서 양쪽 모서리 위로 튀어나와 있네요. 우리에게는 필요하지 않은 정보이므로 이 영역을 지워버립시다. 그리고 얼굴에 선글라스를 씌울 것이므로 바닥에 비친 그림자도 함께 지워보자고요.

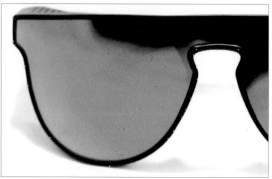

짠! 저자는 지난 시간에 연습한 [펜 도구]를 사용해봤습니다. 아무래도 얼굴 위에 올라가는 누끼라서 더 선명하게 분리하고 싶었거든요.

여러분도 익숙한 도구를 활용하여 안경의 전면부만 남기고 모서리나 배경을 모두 제거하세요.

누끼를 모두 땄다면 단축키 [Ctrl]+[J] [1]를 눌러 누끼를 별도의 레이어로 복제하기 바랍니다.

---

1   맥OS에서는 [Command]+[J]

이제 선글라스를 눈 위치로 옮기겠습니다. 이동에 앞서 선글라스 레이어의 불투명도를 낮추어 반투명하게 만들면 뒤에 비쳐 보이는 양쪽 눈을 보면서 작업을 할 수 있으므로, 훨씬 편하게 선글라스의 위치를 정할 수 있습니다.

자, 준비가 끝났다면 단축키 Ctrl+T[2]를 누르거나 상단 메뉴를 통해 [자유 변형] 기능을 활성화해주세요. 이 상태에서 Ctrl키[3]를 꾹 누른 채로 선글라스를 드래그하고, 각 귀퉁이를 선택하고 드래그하여 선글라스 이미지를 변형합니다. 원근감을 살려 양쪽 눈 위에 자연스럽게 올라갈 수 있도록 변형하면 됩니다.

---

2   맥OS에서는 Command+T
3   맥OS에서는 Command

색상 범위를 활용한 누끼 따기

선글라스 레이어 전체에 불투명도를 부여했더니 선글라스의 테 부분까지 투명해졌습니다. 렌즈만 투명하게 만들기 위하여 렌즈와 테를 분리하겠습니다.

상단 메뉴 바의 [선택] > [색상 범위]를 클릭합니다. [색상 범위]를 사용하면 우리가 지정한 색상과 유사한 영역이 선택됩니다. 안경테는 검은색이므로 스포이드로 안경 프레임 주위의 검은색 영역을 선택합니다. 그리고 상단의 [허용량] 슬라이더를 이리저리 움직이면서 적절한 수치를 찾아보세요.

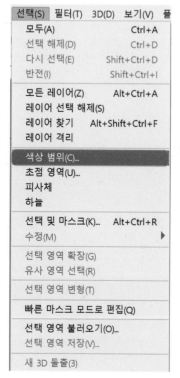

마지막으로 [확인] 버튼을 누르면 안경테
와 비슷한 색상 영역이 한꺼번에 선택 영역
으로 지정됩니다. 단, 이미지 전체를 두고
설정하는 것이다 보니 이번에는 안경만 설
정되지는 않았습니다.

레이어 패널에서 선글라스 레이어만 선택
하고 다시 한번 [색상 범위]를 설정합니다.
이어서 안경테 영역이 선택되면 단축키
Ctrl + J로 레이어를 복제하여, 선글라스
프레임 영역만 뽑아낼 수 있게 되었습니다!

이제 다시 선글라스 레이어에서 불투명도를 낮추면 안경테는 검은색이 유지되면서 렌즈만 투명하게 변경됩니다.

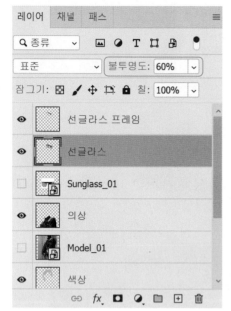

펜 도구로 안경다리 그려보기

다리도 없는 안경이 코 위에 적절하게 걸쳐져 있으니 뭔가 어색합니다. 선글라스의 다리를 그려 넣겠습니다. 레이어를 하나 추가한 후 [펜 도구 P]를 활성화해주세요.

[펜 도구 P]로 안경다리를 그려 넣은 다음, 마우스 오른쪽 버튼으로 클릭하여 [선택 영역 만들기] 메뉴를 선택합니다. 팝업 창에서 [확인]을 클릭해 선택 영역을 지정합니다.

이어 [브러시 도구]나 [페인트 통 도구]를 이용하여 다리를 검은색으로 칠해줍니다.

선글라스 그림자 채워주기

선글라스가 얼굴 위에 자연스러운 각도로 합성되었습니다. 하지만 이것으로 부족합니다. 물체가 없는 곳에 물체를 합성했다면, 반드시 그림자까지 합성해야 자연스러운 결과물이 만들어집니다. 만들어진 선글라스 이미지를 활용해 그림자를 만들어보겠습니다.

다리, 선글라스, 프레임 레이어를 모두 선택한 다음 단축키 Ctrl+J를 눌러 복제합니다. 그리고 복제된 3개의 레이어를 한꺼번에 선택한 다음, 단축키 Ctrl+E[4]를 누릅니다. 그러면 선택되었던 3개의 레이어가 1개의 레이어로 병합됩니다. 병합된 새 레이어를 다리, 선글라스, 프레임 레이어보다 아래쪽에 위치시킵니다.

 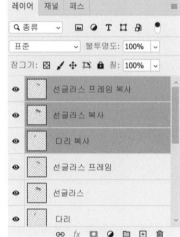 

이어 [자유 변형]을 활용해 병합된 선글라스를 원본 선글라스의 약간 아래로 이동시킵니다. 필요하다면 크기도 약간씩 조절합니다. 이 선글라스가 추후 선글라스의 그림자가 될 것입니다.

---

4   맥OS에서는 Command+E

그림자가 너무 또렷하면 부자연스럽지요. [가우시안 흐림 효과]를 적용하여 적당히 뿌옇고 흐린 이미지로 변경합니다.

그림자를 합성할 때는 [혼합 모드]를 사용하는 것이 일반적인데요, 그림자는 사물이 주변보다 어두워지므로 [어둡게 하기]를 선택하면 무난합니다. 그런데 그림자가 얼굴보다 바깥쪽 영역까지 뻗어있네요? [지우개 E] ✎.를 활용해 얼굴 밖에까지 드리운 그림자를 지워줍니다.

마스크 씌우기

이번에는 마스크를 씌워보겠습니다. <Source> 폴더의 'Model_02.jpg' 파일을 포토샵으로 불러오세요.
여러분이 편한 방법으로 마스크의 누끼를 따주세요. 저자는 [자석 올가미 도구 Shift+L+L+L] 👤 를 활용했습니다. 누끼를 딴 다음 단축키 Ctrl+J를 활용하여 마스크 영역을 복제합니다.

마스크를 다비드상의 얼굴 부위로 이동시킵니다. 자, 이제 마스크 이미지를 변형시켜 다비드상의 하관 형태에 딱 맞게 합성하겠습니다. [퍼펫 뒤틀기] 기능을 활용할 것입니다. 작업에 앞서 마스크 레이어에 불투명도를 적용해두면 작업이 한결 수월해집니다.
상단 메뉴 바에서 [편집] > [퍼펫 뒤틀기]를 선택하여 마스크를 자연스럽게 변형해주세요.

작업이 모두 완료되었다면 다시 불투명도를 100%로 설정하여 마스크를 검은색으로 되돌립니다. 그리고 마스크 레이어의 순서를 선글라스보다 아래쪽으로 내려서 자연스럽게 연출해주세요.

마스크 그림자

마스크에도 그림자가 있어야겠지요? 선글라스의 그림자를 합성했던 방법을 그대로 응용해보겠습니다. 선글라스와 달리 마스크는 얼굴과 밀착해 있으므로 그림자가 크고 진하게 생기지 않습니다. 선글라스에 비해 훨씬 짧은 거리를 옮기기만 해도 그림자를 제작하는 데에 충분합니다. 마스크 레이어를 단축키 Ctrl+J로 복제한 다음, [자유 변형]을 활용해 적당한 위치로 옮겨주세요.

이어 [가우시안 흐림 효과]를 실행하여 그림자가 흐릿하게 녹아들도록 합성합니다. 그림자는 물체와 거리가 가까울수록 또렷하고, 물체로부터 멀어질수록 흐릿해지는 성격이 있습니다. 마스크와 얼굴 사이의 거리가 짧다는 점을 고려하여 [반경] 슬라이더를 충분히 왼쪽으로 이동시켜 그림자의 크기를 줄여줍시다.

작업이 끝나면 [혼합 모드]의 [곱하기]를 실행해주세요. [어둡게 하기]도 좋지만, 마스크 이미지가 검은색이므로 [곱하기]를 적용해도 그림자를 합성할 수 있습니다.

Designer's
Comment!

지금까지 다양한 누끼 기법과, 이를 활용하여 자연스러운 합성을 진행하는 방법을 살펴봤습니다. 더 익숙해질 수 있도록 많이 연습해보기 바랍니다. 지금까지 배운 방법만으로도 일상에서 사용되는 사진에 새로운 소품을 추가하거나, 사진에서 일부를 지워내는 작업을 수행하는 데에도 무리가 없습니다.

다음 Chapter에서부터는 지금까지 배운 기법들을 응용하면서 조금씩 꿀팁들을 끼얹어보겠습니다. 일상은 물론 직장이나 실무에서도 활용할 수 있는 다양한 예제들이 준비되어 있습니다!

Client's
Quest!

지난번에 작업해주신 달걀용 비니가 대박이 났습니다!
수출 계약까지 체결했어요! 역시 달걀도 패션을 신경 쓰는 시대가 왔다니까요!
이번에는 달걀용 안경을 출시해보려 합니다. 달걀 위에 안경을 합성해주세요!

▲ Before

▲ After

달걀도 패션을 신경 쓰는 시대라니, 어질어질합니다. 고객이 이상한 것인지, 고객의 고객들이 이상한 것인지, 제가 이상한 것인지 모르겠네요. 하여튼 고객님께서 보내주신 리소스는 <Extra> 폴더에 넣어뒀습니다. 간단하게 합성해주고요, 작업이 끝나면 퇴근하셔도 좋아요.

안경다리의 일부분은 달걀보다 앞으로, 나머지는 안경 뒤쪽으로 위
치시켜야 합니다. [지우개 도구]를 활용하여 불필요한 안경다리 영
역을 지워내는 작업이 필요할 것 같네요. 렌즈가 투명하다 보니 그림
자를 삽입하는 과정도 조금은 번거로울 수 있겠습니다.
일단 배우신 대로 작업을 진행하고, 필요하다면 [브러시 도구]를 활
용하여 그림자를 추가로 그려 넣기 바랍니다.

알아두면 반드시 써먹는
포토샵 합성 기법

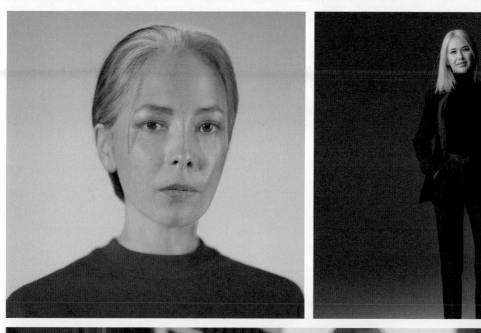

얼굴 사진 보정

학습 목표

1. 픽셀 유동화와 간단한 기능들을 활용해 얼굴을 보정하는 방법을 배워본다.
2. 조정 레이어를 활용한 색감 보정에 대해 배워본다.

Contents	<제8장 얼굴 사진 보정> 폴더를 열어주세요.
	보정된 얼굴.psd, 보정된 얼굴.jpg
Source	얼굴 보정.jpg
Extra	얼굴.jpg, 얼굴_보정연습.jpg,
	얼굴_보정연습.psd

157

픽셀 유동화를 활용한 얼굴 사진 보정

01   [픽셀 유동화]가 무엇이기에 얼굴 보정에 사용하나요?

픽셀 유동화는 말 그대로 픽셀을 유동화한다는 의미입니다. 그렇다면 유동화는 무슨 뜻일까요? 유동화는 영어로 'liqui-fy'입니다. liquid가 액체를 뜻하므로, 아무래도 liquify는 액체처럼 흐느적거리게 만든다는 의미가 내포되어 있겠죠? 픽셀 유동화는 사진을 구성하는 픽셀들을 말 그대로 액체처럼 흐물흐물하게 만들어, 우리가 원하는 위치로 흘러내리듯 이동시키는 기능입니다. 사진 일부를 잡아당기거나 볼록하게 만들 수 있지요. 얼굴에서 턱살을 깎을 때 무척 유용한 기능입니다! 턱살 주변 부분의 픽셀을 얼굴의 안쪽으로 이동시켜 얼굴을 갸름하게 만들 수 있거든요. 스마트폰 애플리케이션에서 사진을 보정할 때, 손가락으로 얼굴 일부를 터치하면서 찌그러뜨리는 기법 또한 픽셀 유동화의 일종입니다.

포토샵의 [픽셀 유동화]는 얼굴을 자동으로 인식하는 기능이 있습니다. 또한 딥러닝 인공지능으로 얼굴 보정을 자동으로 도와주는 [Neural Filters] 기능까지 업데이트되어, 얼굴 보정은 무척이나 쉽고 간편한 작업이 되었습니다.

02   [픽셀 유동화] 활성화

자, 오늘의 인물을 소개합니다. <Source> 폴더에 있는 '얼굴 보정.jpg' 파일을 포토샵으로 불러오세요.

상단 메뉴 바에서 [필터] > [픽셀 유동화 Shift + Ctrl + X]를 클릭합니다. 그러면 픽셀 유동화 팝업창이 펼쳐집니다.

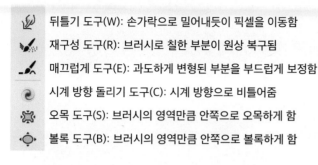

- 뒤틀기 도구(W): 손가락으로 밀어내듯이 픽셀을 이동함
- 재구성 도구(R): 브러시로 칠한 부분이 원상 복구됨
- 매끄럽게 도구(E): 과도하게 변형된 부분을 부드럽게 보정함
- 시계 방향 돌리기 도구(C): 시계 방향으로 비틀어줌
- 오목 도구(S): 브러시의 영역만큼 안쪽으로 오목하게 함
- 볼록 도구(B): 브러시의 영역만큼 안쪽으로 볼록하게 함

작업 과정에서는 [뒤틀기 도구], [오목 도구], [볼록 도구]를 자주 사용합니다. [재구성 도구]나 [매끄럽게 도구]는 단축키 Ctrl + Z [1]를 눌러 터치를 취소하는 방식으로 작업하는 것이 더욱 편리합니다.

03   [얼굴 도구]를 사용한 직관적인 보정

포토샵 창 왼쪽 도구 바에 있는 [얼굴 도구 A] 👤 를 사용하면 직관적으로 얼굴을 보정할 수도 있습니다. [얼굴 도구]를 클릭해보겠습니다. 얼굴의 테두리와 이목구비를 인식하여 자동으로 영역이 표시됩니다.

얼굴 테두리에 해당하는 영역에 마우스 포인터를 가져가면 다른 영역의 표시는 사라지고, 얼굴 테두리 주변에 하얀색 점과 윤곽선이 생겨납니다. 여기에서 둥근 흰색 점을 드래그하면 자연스럽게 얼굴형이 변형됩니다.
다음 사진은 턱에 있는 꼭짓점을 드래그하여 위로 올린 예시이며, 이외에도 눈, 코, 입, 얼굴 모양 등을 인식하여 손쉽게 보정을 진행할 수 있습니다.

---

1   맥OS에서는 Command + Z

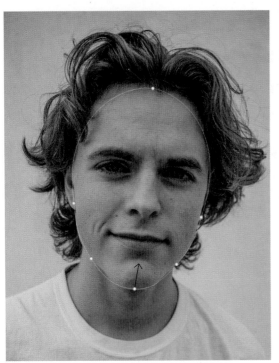 

04 본격적인 보정 시작!

지금까지 배운 기법들을 활용해 얼굴을 본격적으로 보정해보겠습니다!
먼저 [얼굴 도구]를 활용해 입술의 형태를 변형하겠습니다. 편리하긴 하지만, 디테일까지 살리기에는 아쉬울 수도
있으니 [브러시 도구 B] ✏를 사용해 세밀하게 추가로 조절해보는 것도 좋겠네요.

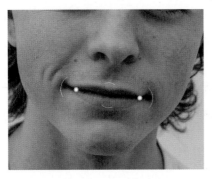 

머리카락이나 가슴 근육은 자동으로 인식되지 않으므로, [볼록 도구] 등을 사용하여 적당히 볼륨감을 줬습니다.

이번에는 [얼굴 인식 픽셀 유동화] 패널을 활용하여 눈을 보정해보겠습니다. 포토샵이 자동으로 이목구비를 인식하고, 슬라이더를 이동하여 얼굴을 보정할 수 있는 도구입니다. 눈과 같이 좌우가 같은 비율로 변경되는 것이 자연스러운 부위를 보정할 때는, 슬라이더의 가운데 있는 사슬 아이콘을 클릭해보세요.

한쪽 슬라이더만 움직여도 반대쪽 눈의 슬라이더가 함께 움직입니다.

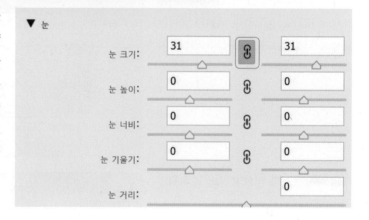

눈 보정이 끝난 뒤에는 [뒤틀기 도구]를 활용해 모델의 어깨도 조금 넓게 보정했습니다.

스팟 복구 브러시 도구를 활용한 잡티 제거

얼굴형을 잡았으니 이제 피부를 보정할 차례입니다. 먼저 얼굴에 있는 점을 빼보겠습니다.

좌측 패널의 도구 바에서 [스팟 복구 브러시 도구 J] ◈를 활성화합니다. 마우스 포인터가 둥근 형태로 변경됩니다. 이 상태로 사진 일부를 클릭하면, 동그라미 외부의 픽셀을 인식하여 내부의 이미지를 자연스럽게 새로 그려줍니다.

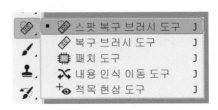

[스팟 복구 브러시 도구]로 여드름이나 점, 뽀루지 등을 클릭하면 어떻게 될까요? 동그라미 내부에 있던 여드름이나 점 정보가 삭제되고, 동그라미 외부의 멀쩡한 피부의 픽셀 정보를 포토샵이 인식하여 자연스럽게 지워줍니다!

다음 사진은 눈에 띄는 큰 점들을 지워낸 결과물입니다.

조정 레이어를 활용한 전반적인 보정

지금까지 배운 절차들은 여러분 개인의 취향보다는 대중적인 안목을 고려하며 진행해야 할 작업이었습니다. 하지만 지금부터 수행하는 작업은 사진의 분위기를 결정하므로, 여러분의 취향에 따라 만족스러운 방향으로 보정을 진행하는 것이 중요합니다.

앞서 배워본 [조정 레이어]를 활용한 여러 가지 방법을 소개합니다. 이 중 여러분이 필요하다고 생각하는 기법을, 여러분들의 취향에 맞는 정도로 진행하면 됩니다.

01 [명도/대비] 조정

[대비]를 살짝 주면 밝은 부분과 어두운 부분이 또렷하게 구분되면서, 마치 셰이딩 화장을 한 것처럼 이목구비가 더욱 또렷해지는 효과가 있습니다. [대비]를 너무 높이면 어두운 영역이 지나치게 어두워지므로 [명도]도 살짝 높이는 것이 좋습니다.

02 [레벨] 조정

[레벨]을 조정해 중간 정도의 톤부터 전체적으로 사진을 밝게 보정합니다. 가운데 슬라이더를 왼쪽으로 이동하면 중간 톤이 점점 더 밝게 표현되고, 오른쪽으로 이동시키면 점점 어둡게 표현됩니다.

03 [색상 균형]으로 원하는 색조의 분위기 만들기

[색상 균형]에서 슬라이더를 이동하여 사진의 전반적인 색조를 조정합니다. 슬라이더를 살짝만 움직여도 전체적인 분위기가 확확 달라지는 것을 느낄 수 있습니다.

04 [그레이디언트 맵]과 [혼합 모드]를 활용한 색조 변화

레이어 패널에서 [조정 레이어]를 클릭하고, [그레이디언트 맵]을 추가해 연한 연보랏빛 그라데이션을 부여했습니다. 그리고 레이어 패널에서 [혼합 모드]를 활성화해 [스크린] 모드로 혼합하면 그라데이션 느낌을 사진 전반에 부여할 수 있습니다.

단, 보랏빛이 너무 강력하므로 [조정 레이어]의 불투명도를 낮추어줍니다. 불투명도가 낮아지면 낮아질수록 보랏빛이 사진에서 약하게 표현됩니다. 여러분의 취향에 맞는 수준까지 불투명도를 낮추어 사진의 분위기는 잡으면서도, 과하지 않은 범위에서 보정을 마무리하세요.
짠! 이렇게 얼굴 보정이 끝났습니다!

인공지능이 얼굴을 보정하는
Neural Filters

자, 지금까지 살펴본 방법들만으로도 얼굴을 자유자재로 보정하는 데에는 전혀 무리가 없습니다! 그런데 어도비는
포토샵에 AI를 탑재해, 더욱 편하고 쉽게 얼굴을 보정할 수 있는 [Neural Filters]라는 기능을 선보였습니다. 인공지
능을 활용하면 더욱 쉽고 빠르게 얼굴을 보정할 수 있겠지요? 사용법을 살펴보겠습니다. 다만 이 기능은 정품이 아
닌 버전일 경우 사용하지 못할 수 있습니다.

'배경' 레이어를 선택하고 상단 메뉴 바에서 [필터] > [Neural Filters]
를 클릭합니다.

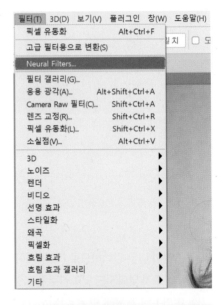

아래처럼 포토샵에 탑재된 인공지능이 자동으로 얼굴을 인식하여 파란
색 테두리를 쳤습니다.

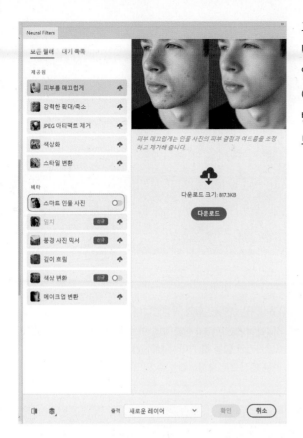

그리고 오른쪽에 [Neural Filters]라는 패널이 팝업됩니다. 패널을 살펴보면 [피부를 매끄럽게]라던가 [메이크업 변환] 등 다양한 메뉴들이 펼쳐져 있습니다.

이 중에서 여러분이 필요한 기능을 다운로드해 사용하는 방식입니다. [스마트 인물 사진] 메뉴를 클릭하여 다운로드해보겠습니다.

[스마트 인물 사진] 패널에서는 행복이나 얼굴 나이, 머리숱 등의 상세한 정보까지도 보정할 수 있습니다! 슬라이더를 드래그하는 것으로 번거롭고 복잡한 작업이 한번에 수행되는 것이지요. 역시 인공지능은 위대합니다.

상황에 따라 적극적으로 사용하면 여러분의 소중한 시간을 절약하면서도, '내 취향의 틀'을 벗어나 AI의 눈으로 바라본 작업 결과를 살펴볼 수 있어 유용할 것입니다.

Designer's Comment!

강력한 얼굴 인식 기능을 가진 픽셀 유동화를 활용해봤습니다. 인물을 보정하는 기준은 본인의 취향을 따르는 것이기에 정답이 없습니다. 자신이 원하는 방향으로 보정한 후, 색조 보정까지 진행하는 연습을 해보기 바랍니다.

추가적인 팁을 드리자면, 상업적으로 유통되는 광고물이나 음반의 커버 이미지 등, 많은 사람이 돈을 주고 구매하는 물건에 부착된 인물 사진을 참고하시기 바랍니다. 그런 이미지들이 일반적인 대중이 선호하는 이미지이므로, 그쪽과 유사한 방향으로 얼굴을 보정하는 안목을 기르면 평균 이상은 갈 수 있습니다.

Client's Quest!

안녕하세요, 저는 영화배우를 꿈꾸는 연극영화과 학생입니다.

이번에 노인 역할의 배역 오디션에 지원하려고 하는데요, 아무래도 집에서 혼자 어설프게 분장하면 좋은 인상을 남기기가 힘들 것 같아서 찾아왔습니다.

제 얼굴을 조금 더 늙고 차가운 인상으로 보정해주실 수 있으신가요?

▲ Before

▲ After

보통 더 젊게 합성해달라는 경우가 흔한데, 더 나이가 들어 보이게 보정해달라는 요구는 오랜만이네요. 늙어 보이게 합성해달라고 해서 정말로 주름살까지 그려 넣으면 욕먹는 것 아시죠?

올드하면서도 영한 느낌으로, 모던하면서도 클래식한 분위기로 보정해주세요. 파릇파릇한 완숙미가 느껴지도록 말이지요. 사진 자료는 <Extra> 폴더에 모두 넣어뒀어요!

사진에서 나이를 늘어 보이게 만들 때는 흰머리만한 도구가 없습니다. 흰머리를 추가하기만 해도 연배가 확 달라 보이니 한번 이 부분을 살펴보기 바랍니다. [Neural Filters]의 [스마트 인물 도구]를 사용하면 편리하겠네요.

그리고 머리 보정 이후에는 눈썹도 함께 건드려보세요. 크게 티가 나지 않으면서도 인상이 확 바뀌니까요.

이어서 보라색 주변광을 다른 색으로 리터치하면서 결과물을 다듬어보기 바랍니다.

전신사진 보정

학습 목표

1. 전신사진의 전체적인 이미지를 고려하며 보정하는 방법을 배워본다.
2. 픽셀 유동화와 자유 변형의 적절한 사용을 배워본다.

Contents	<제9장 전신사진 보정> 폴더를 열어주세요.
	보정된 사진.psd, 보정된 사진.jpg
Source	전신 보정.jpg
Extra	전신 보정_후.jpg, 전신 보정_ex.jpg,
	전신 보정_ex.psd

전신사진 보정의 이해

01 시공간 왜곡, 멈춰!

다음 사진을 보겠습니다. 무엇이 문제인지 느껴집니까? 네, 모델의 체형을 보정하는 과정에서 주변 배경이 뒤틀린 흔적이 강하게 남았습니다. 계단의 재질이 돌인지 스펀지인지 의심스럽습니다. 문 우측의 기둥도 뒤틀려 있고요. SNS에 이와 같은 사진이 올라오면 조롱의 대상이 되기도 하지요.

그래서 최근에는 격자무늬라던가 울타리가 없이 뻥 뚫린 곳을 배경으로 사진을 찍는 것이 하나의 꿀팁으로 전해지고 있습니다. 배경에 별다른 물체가 없다면 신체를 마음껏 왜곡해도 어색한 부분이 잘 드러나지 않기 때문입니다. 배경에 격자무늬의 물체가 있다면 보정의 난도가 올라갑니다.

이번 Chapter에서는 배경이 있는 사진을 대상으로 인체 보정을 연습해보며, 피사체 뒤에 배경이 있는 상황에서 어떻게 자연스러운 보정을 할 수 있는지를 다뤄보겠습니다. 그리고 전신을 보정하는 절차를 단계별로 쪼개어 설명하겠습니다.

02 인체 보정의 큰 틀

인체를 보정할 때는 디테일부터 시작하기보다는 큰 영역을 우선해서 보정하는 것이 좋습니다.

예를 들면 손과 발을 조정하여 신체의 비율을 건드리기보다는 먼저 허벅지와 정강이 부분을 잡아당겨 하반신의 길이를 늘여 키를 조정해야 합니다.

부피가 큰 부위를 우선하여 보정한다는 원칙을 명심하기 바랍니다.

01 상반신과 하반신의 구분

<Source> 폴더의 '전신 보정.jpg' 파일을 포토샵으로 불러오세요. 이 사진으로 보정을 연습해보겠습니다.

다리 길이를 늘이는 보정을 수행해볼 텐데요, 어디에서부터 어디까지를 길게 늘여야 할지 한번 고민해보기 바랍니다. 상의가 끝나는 부위를 기준으로 그 위를 상반신으로 잡고, 그 아래를 하반신으로 잡고 보정하면 보다 자연스럽게 보정됩니다.

이 사진처럼 손이 하반신 영역까지 내려온다면 손이 시작되는 지점을 하반신으로 간주해도 좋습니다. 먼저 사진을 단축키 Ctrl + J 를 눌러 복제하여 원본을 보관해둔 채로 작업을 시작하겠습니다.

02 하반신의 길이 전반적으로 늘리기

하반신에 해당하는 구간을 영역으로 선택하고 Ctrl + T 를 눌러 [자유 변형]으로 아래로 늘려주겠습니다. Shift 키를 누른 채로 아래쪽으로 사진을 늘려주면 됩니다. 단, 이때 배경을 잘 살펴야 합니다. 왼쪽에 다리의 난간이 있으므로 지나치게 하반신을 늘린다면 시공간의 왜곡이 부각될 수 있습니다.

티가 크게 나지 않게 조금씩 늘리면서, 균형을 잡는 것이 중요합니다.

---

1 맥OS에서는 Command + J

03 종아리 늘리기

전체적인 길이를 늘렸으므로 이번에는 같은 방법으로 무릎 아래 영역을 길게 늘여줍니다. 왜 허벅지는 따로 늘리지 않는지 궁금할 수도 있는데요, 위 사진의 경우 모델의 골반 일부가 셔츠로 가려져 있기 때문입니다.

우리는 셔츠의 끝단과 손목의 시작부를 하반신이라 간주했지만 실제 모델의 골반은 그보다 윗부분에 위치합니다. 따라서 별도로 허벅지를 늘려주지 않아도 이미 이전 작업에서 허벅지 부분이 많이 늘어난 상태입니다.

단, 모델이 크롭티를 입고 있는 등 골반의 위치가 명확하게 드러나는 사진을 편집할 때는 허벅지를 늘려주는 작업도 함께 진행하면 좋습니다.

무릎 아래 영역을 늘려줄 때는 왼쪽의 난간이 과도하게 왜곡되지 않도록 주의해야 합니다. 이 과정에서 신발 길이가 과도하게 늘어나게 됩니다.

04   신발 줄여주기

여러 차례의 왜곡으로 인해 과도하게 길어진 신발을 보정하기 위해 모델의 뒤꿈치 아랫부분을 영역으로 선택하고 높이를 살짝 줄여주겠습니다. 이로써 하반신의 보정이 끝났습니다.

상반신의 보정

01 상체 비율 조정하기

상반신의 높이를 살짝만 줄여 상반신의 길이를 약간만 줄여주겠습니다. 이 작업에서 모델의 다리가 더욱 길어 보이게 됩니다.

02 머리 크기의 보정

앞서 상반신의 길이를 줄이는 과정에서 머리가 위아래로 눌리게 되었으므로 모델의 얼굴이 좌우로 조금 더 부풀어 오른 비율로 왜곡되어 있습니다.

[픽셀 유동화]를 활용하여 얼굴의 좌우 폭을 조금 줄여 얼굴의 비율을 복원하겠습니다.

인체를 보정할 때는 픽셀 유동화의 [브러시 도구] 등 보정에 사용하는 도구의 크기를 크게 키워주는 것이 좋습니다. 브러시의 크기를 지나치게 줄이면 다음과 같이 주변 사물이 왜곡되는 현상이 발생합니다. 브러시의 크기

는 화면을 마우스 오른쪽 버튼으로 클릭하여 팝업창에서 슬라이더를 조정해서 변경할 수 있습니다. 주변 배경이 없이 텅 빈 하늘이 그려져 있거나, 단색 배경이라면 작은 브러시를 사용해도 좋습니다.

다음 사진의 경우 얼굴을 보정하는 과정에서 배경의 기둥 일부가 뒤틀릴 수 있으니, 얼굴 주변의 픽셀을 왼쪽으로 이동시켰다면 기둥의 다른 부위들도 조금씩 왼쪽으로 함께 이동시키는 것이 좋습니다. 그러면 사진에 뒤틀린 흔적이 거의 남지 않은 채로 보정할 수 있습니다.

03 체형의 보정

[픽셀 유동화]의 [뒤틀기 도구]를 활용해 모델의 어깨를 조금 더 넓혀줬습니다. 얼굴과 마찬가지로 옆의 기둥이 뒤틀리지 않도록 주의합니다.

여백 잘라내기

사진을 이리저리 늘이고 줄이다 보니 사진의 위아래로 빈 공간이 생겨났습니다. 우리에게 필요한 영역만 남기고 여백을 지워내는 방법을 배워보겠습니다.

01 마우스 드래그로 여백을 잘라내는 방법

좌측 도구 바에서 [자르기 도구 ⓒ] 큐 를 활성화합니다.

아래처럼 사진 주위로 드래그할 수 있는 막대들이 생겨납니다. 이 막대들을 드래그하며 원하는 비율로 사진을 잘라낼 수 있습니다.
다른 방식으로는 [자르기 도구]를 활성화한 뒤 상단의 [선택] 메뉴를 클릭하여, 원하는 비율로 이미지를 자르는 것도 가능합니다. 정사각형이나 16:9 등의 비율은 자주 사용되니 숙지하기 바랍니다.

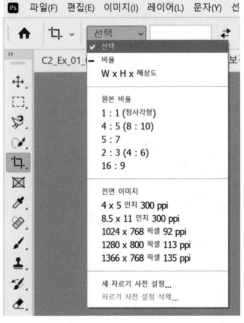

잘라낼 영역 표시가 끝났다면 Enter↵ 키를 눌러주세요. 우리가 선택한 영역만 남고 여백이 잘린 사진이 저장됩니다.

02   여백을 한 번에 잘라내는 방법

레이어 패널에서 레이어의 썸네일을 Ctrl 키[2]를 누른 채로 클릭하면 이미지가 존재하는 영역만큼만 사각형으로 영역이 지정됩니다. 이 상태에서 [자르기 도구]를 클릭하면 선택 영역 주위에 자동으로 자르기 영역이 인식되고, Enter↵ 키를 누르면 즉시 여백이 삭제됩니다.

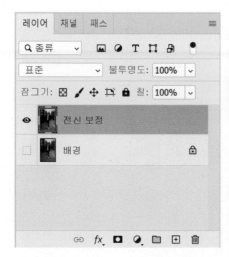 

이로서 신체의 전반적인 비율 보정이 끝났습니다.
사실 다리와 함께 위아래로 늘어난 손을 축소하는 보정도 고려해볼 만한 내용입니다만 눈으로 보기에 딱히 어색하지 않아 여기에서 작업을 마무리하겠습니다.

색감 보정

신체의 비율 조정은 끝났으니 [조정 레이어]를 활용해 색감을 보정하겠습니다. 지난 시간에 알려준 기법들을 활용하여 사진을 여러분의 취향껏 수정하기 바랍니다.

01   포토 필터

[포토 필터]는 여러분이 선택한 색상이나, 포토샵이 제공하는 프리셋 필터를 이미지에 적용하는 기능입니다.
여러 종류의 필터가 제공되고 있으니 하나씩 클릭하면서 취향에 맞는 필터를 찾아보기 바랍니다. 저자는 파란 기가 도는 [Underwater] 필터를 15% 밀도로 옅게 적용해보겠습니다.

02   RGB 곡선에서 색상 채널 분리하여 가공

[곡선]에서는 RGB 색상을 별도로 분리해낸 다음, 그 색상의 빛 분포를 가공할 수 있습니다. 시네마틱한 느낌을 주기 위하여 [파랑]을 선택하고, 우측 상단 영역을 살짝 아래로 끌어내려 조정하겠습니다.
새벽 풍경 같은 색감이 사진에 자리 잡았습니다. 여러분의 취향에 맞는 느낌이 나올 때까지 레이어의 곡선을 이리저리 드래그해보기 바랍니다.

03 명도 조정

사진이 전반적으로 약간 어둡고 대비가 강한 것 같습니다. [명도]를 높이고 [대비]를 낮추며 살짝 부드러운 분위기의 사진을 만들어보겠습니다.

짠! 보정이 모두 끝났습니다!
모델의 신체 비율도 적당하게 수정되었고 사진의 색감도 이른 아침의 느낌으로 보정되었습니다.

배경이 있는 사진을 보정할 때는 인체뿐 아니라 배경과 주변 사물까지도 함께 고려해야 합니다. 그러다 보니 사진 일부 이미지에 매몰되기보다는 전체적으로 사진을 크게 보는 눈을 키우는 것이 몹시 중요합니다.

또한 이번 Chapter에서 소개한 보정의 순서를 기억하기 바랍니다. 신체의 큰 부분부터 보정해 나가고, 세부적인 작업일수록 나중에 수행하는 것이 배경에 큰 왜곡을 일으키지 않으면서도 우리가 원하는 방향으로 보정할 수 있는 비결이었습니다. 이를 고려하여 인체의 전신 보정을 마스터하기 바랍니다.

이미지를 전체적으로 크게 바라보는 안목은 나중에 다양한 이미지를 작업하는 데에 꼭 필요한 중요한 역량입니다. 이것을 반드시 기억하기 바랍니다.

Client's
Quest!

안녕하세요! 저는 밀라노에서 패션의류 사업을 하고 있습니다.

이번에 신제품 바지를 출시하게 되어 모델샷을 찍었는데요. 고객들의 구매 욕구를 자극하기 위해 조금 더 핏이 예뻐 보이게 보정을 해야겠다는 생각이 들어서 방문하게 되었습니다.

아, 그리고 이왕 보정하시면서 혹시 빨간색 바지도 합성해주실 수 있으신가요? 사진 반응이 괜찮으면 빨간색 바지도 출시하려고요!

▲ Before

▲ After

어머! 이번에는 저도 아는 명품 브랜드에서 의뢰가 들어왔어요! 작년 패션쇼에서 전 세계의 이목이 끌리면서 크게 떠오른 브랜드인데, 사장님이 한국인이셨군요!

신체나 색감 보정은 이제 잘할 수 있으시죠? 저는 클라이언트를 뵙고 와야겠어요. 앞으로도 좋은 파트너로 일하고 싶다는 이야기를 구구절절 전하고 올게요! 아, 클라이언트한테 전달받은 리소스는 <Extra> 폴더에 넣어뒀어요!

이번에는 왜곡을 신경 써야 하는 복잡한 오브젝트가 사진에 나와 있지 않네요. 더 편한 마음으로 적극적인 보정을 해도 좋겠습니다. 다만 배경에 스튜디오의 바닥 면과 벽면 사이의 경계면이 대각선으로 찍혀 나왔어요. 이 선이 중간에 꺾여서 이상한 각도로 표현되면 곤란하니, 이 부분만 신경 써서 보정을 수행하면 되겠습니다.

체형 보정이 끝난 뒤에는 바지 부분의 누끼를 따고, 앞서 다비드상의 머리를 염색했던 기법을 그대로 사용해보면 되겠네요.

에코백 수전사 염색 합성

Chapter

10

학습 목표

1. 합성할 부분의 명도를 이해하며 합성하는 방법을 배워본다.
2. 번 도구와 닷지 도구를 배운 후 부분적으로 노출을 조절하는 방법을 배워본다.

Contents	<제10장 에코백 수전사 염색 합성> 폴더를 열어주세요.
	수전사 에코백.psd, 수전사 에코백.jpg
Source	Eco Bag.jpg, Pattern.jpg
Extra	전구.jpg, 전구_보정.jpg, 전구_보정.psd

에코백 누끼 따기

01 실습 준비

자, 이제 다양한 제품들을 합성하는 방법을 체험해보겠습니다. 제품 합성은 인쇄물, 웹 광고, 쇼핑몰 등지에서 정말 높은 빈도로 사용되는 기법이므로 반드시 숙지해야 할 내용입니다.

이번 Chapter에서는 에코백 위에 무늬를 수전사 염색한 것처럼 합성해보겠습니다. <Source> 폴더에 있는 'Eco bag.jpg' 파일을 불러오세요.

02 누끼 따기

여러분이 편한 방법으로 누끼를 따보기 바랍니다. 비교적 가방과 주변 배경 사이의 색감 차이가 또렷하니 [빠른 선택 도구 W]를 사용해도 충분히 누끼를 딸 수 있을 것 같습니다.

에코백의 몸체와 손잡이가 같은 색상이다 보니 손잡이까지 [빠른 선택 도구]로 선택되고 말았습니다.

Alt 키를 누른 채로 손잡이 영역을 선택하면 손잡이를 선택 영역에서 제거할 수 있습니다. 이렇게 이미 선택된 누끼의 일부를 선택 영역에서 제외할 때는 빠른 선택 도구보다는 필요한 부분만 명확하게 선택할 수 있는 도구를 사용하는 것이 좋습니다.

손잡이와 몸통 사이의 연결부가 곡률이 크지 않으므로
[다각형 올가미 도구 Shift +ㄴ+ㄴ] ✄를 사용하여,
Alt 키를 누른 채로 손잡이 윗부분을 선택했습니다.

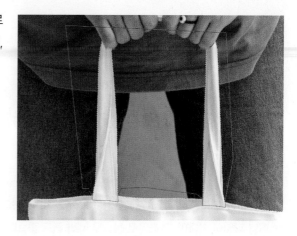

짠! 이렇게 손잡이 부분이 선택 영역에서 제외됩니다. 단축키 Ctrl + J '를 눌러 가방 몸통의 누끼를 별도의 레이어로
복제하세요.

---

1   맥OS에서는 Command + J

패턴 합성하기

---

01 패턴 이미지 불러와 배치하기

에코백 위에 합성할 패턴 이미지를 불러오세요. <Source> 폴더에
있는 'Pattern.jpg' 파일을 사용하겠습니다. 여러분의 취향에 맞는 다
른 패턴 파일이 있다면 그 파일로 실습을 따라 해도 좋습니다.

패턴 레이어의 불투명도를 낮추고, 에코백 위에 원하는 패턴이 삽입되도록 패턴 레이어의 크기와 위치를 수정하세
요. 패턴 이미지의 배치가 끝났다면 불투명도를 다시 '100'으로 설정하세요.

02 클리핑 마스크 만들기

클리핑 마스크를 만들어 패턴을 가방 위에 얹어 보겠습니다. 패턴과 가방 몸통 누끼 레이어 사이에 마우스 포인터를 위치시키고, [Alt]키를 누른 채로 클릭합니다. 혹은 패턴 레이어를 마우스 오른쪽 버튼으로 클릭한 다음 [클리핑 마스크 만들기] 메뉴를 클릭해도 좋습니다.

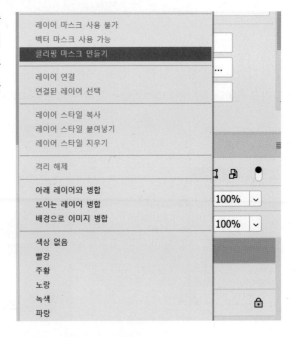

이렇게 패턴이 에코백 위에 꼭 맞게 합성되었습니다. 그런데 배경과 녹아들어 실제 물건이 사진으로 찍힌 것처럼 자연스러운 느낌이 나면 좋을 텐데 혼자 동떨어진 느낌을 줍니다. 이제 본격적으로 이 패턴이 자연스러워 보이도록 합성 작업을 시작하겠습니다.

혼합 모드를 사용해 이미지의 기본 톤 잡아주기

[혼합 모드]를 사용해 에코백의 색감이 자연스럽게 배경에 녹아들도록 만들어보겠습니다.

먼저 다양한 모드 중 [선형 번] 기능을 사용해 살짝 어둡게 합성해보겠습니다. 이제 살짝 가방의 주름과 명암이 드러나려고 합니다. 하지만 아직 자연스러운 수준에 도달하지는 못했네요.

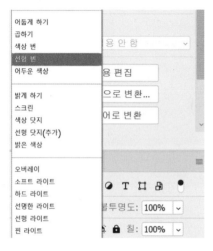

조금 더 자연스러운 합성을 위해 우리가 앞서 복제해둔 가방 레이어를 단축키 Ctrl+J로 복제하겠습니다. 복제된 가방 레이어가 가장 상단에 있는 것을 확인하기 바랍니다. 이 레이어의 이름을 '가방 혼합용'이라고 변경하겠습니다.

이 레이어에는 가방의 주름이나 명암 정보가 고스란히 담겨 있습니다. 이 레이어를 우리가 앞서 합성했던 이미지 위에 [곱하기] 모드로 혼합하여 명암 정보를 전달해 더 어둡게 만들어보겠습니다.

자, 이제 기본적인 톤은 다 잡은 것 같네요!

▲ Before

▲ After

닷지 도구와 번 도구로 명암 조정해주기

01 [닷지 도구]와 [번 도구]

좌측 도구 바에서 [닷지 도구 O] 🔍와 [번 도구 Shift+O+O] ✍️
를 찾아주세요. 이 2개의 도구를 활용하여 명암을 조절해보겠습니다.
[닷지 도구]는 사진 일부를 밝게 만들어주는 도구입니다. 반대로 [번 도
구]는 사진 일부를 태우듯이 조금 어둡게 만들어주는 도구이고요. 이 2개
의 도구는 얼굴의 톤을 보정할 때도 자주 사용되는 도구입니다.
그 아래의 [스펀지 도구 Shift+O+O+O] 🔴는 사진 일부를 흑백으
로 만드는 기능을 수행합니다.

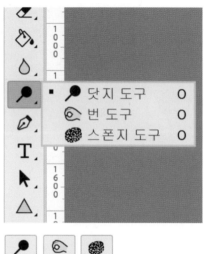

02 [번 도구]로 어두운 영역 다시 잡아주기

'가방' 레이어를 선택하고 [번 도구 Shift+O +O] ✍️
를 활성화한 뒤, [브러시 도구 B] 🖌️를 활용해 가방에
서 어두워져야 할 부분을 문질러주세요. 햇빛을 받아 가
방에 자연스럽게 생겨날 어두운 그림자 영역을 상상하며
적절히 칠하면 됩니다.
다음 사진에서는 빛이 우측 상단에서 내리쬐고 있으므로
에코백의 좌측과 하단을 브러시로 칠했고, 에코백이 주
름지면서 생길 수 있는 그림자를 상상하여 칠했습니다.

[번 도구]의 상단 메뉴에서 [범위]와 [노출]을 선택할 수 있습니다.

[범위]는 어떤 영역의 색상을 어둡게 만들 것인지 선택합니다, [중간 영역]을 선택할 경우, 중간 정도의 밝기를 가진 영역을 더 어둡게 만들어줍니다.

[노출]은 번의 강도를 의미합니다. 노출이 높을수록 더욱 높은 강도로 사진을 어둡게 보정합니다.

범위: 중간 영역 ∨   노출: 50% ∨

다음 사진은 중간 영역을 50% 강도로 [번 도구]를 적용한 한 결과물입니다. 에코백에 자연스러운 그림자가 생겨나서 더욱 사실적인 이미지가 완성되었습니다.

03 [닷지 도구]로 밝은 영역 다시 잡아주기

이번에는 주변보다 빛을 더 많이 받아 밝아질 영역을 [닷지 도구]로 칠해줍니다. 빛이 우측 상단에서 내리쬐는 상황이므로 에코백의 우측면을 밝게 표현할 것이고, 앞서 [번 도구]로 그려낸 구겨진 주름살의 밝게 표현될 영역도 밝게 칠했습니다.

한층 더 자연스럽게 에코백의 질감이 주변 사물과 녹아들었습니다.

01   가방의 안쪽을 더 어둡게 만들기

가방의 외부는 직접 빛을 받지만, 내부는 그림자가 져서 조금 더 어둡게 표현되는 것이 자연스러울 것입니다.

레이어 패널에서 '가방 혼합용' 레이어를 제외한 다른 레이어의 눈 아이콘을 눌러 화면에서 표시되지 않도록 설정하고, '가방 혼합용' 레이어에서 가방의 내부 영역만 [펜 도구]로 선택합니다. 이어서 단축키 [Ctrl]+[J][2]를 눌러 레이어를 복제합니다.

그리고 다시 레이어 패널에서 눈 아이콘을 눌러 숨겨 두었던 레이어를 표시합니다. 어떤가요, 벌써 약간 진해진 것 같지 않나요? 왜냐하면 가방 내부 부분을 복제할 때, [혼합 모드]의 성질이 함께 복사되었기 때문입니다. 그런데 아직 조금 부족한 느낌이 있기는 합니다.

레이어 패널에서 가방 내부 영역의 레이어를 잠시 숨겨두고, 그 상태에서 가방 내부 레이어의 썸네일을 클릭하여 영역을 잡아주세요.

이어 [조정 레이어]의 [노출]을 활용하여 내부 영역을 조금 어둡게 만들어보겠습니다.

---

2   맥OS에서는 [Command]+[J]

짠! 노출까지 수정되어 가방 내부 영역이 더 어둡게 표시되었습니다. 이제 꽤나 자연스러워졌네요.

02 조정 레이어를 추가해 색감 조절하기

'가방 혼합용' 레이어의 썸네일을 클릭하고 조정 레이어를 적용해 색감을 수정하겠습니다.
'색조/채도' 조정 레이어를 추가해서 색조와 채도를 조금씩 낮추고, 명도를 살짝 높여 사진에 약간 자주빛이 돌게 수정해 조금 더 주변 분위기와 잘 녹아들도록 만들었습니다.

이로써 합성 작업이 끝났습니다!

Designer's Comment!

이번 Chapter에서는 전체 사진 중 제품 영역의 누끼만 따서 가볍게 패턴을 입혀보는 합성을 연습해봤습니다. 패턴을 입힌 뒤에도 패턴을 입히기 전 사물의 명암을 최대한 녹아들게 만드는 것이 중요합니다. 그리고 합성 후 원본의 이미지를 해치지 않는 선에서 색감을 조정해 자연스럽게 어울리게 만드는 것 또한 무척이나 중요한 작업입니다.

Client's Quest!

안녕하십니까!
저는 친환경 조명을 만드는 회사의 엔지니어입니다.
당사는 원래 흰색 일색의 깔끔한 디자인의 전구를 주력으로 생산하고 있지만, 이번에 친환경 신제품을 출시하는 기념으로 전구의 몸통 부분을 녹색으로 도색해보려 합니다. 전구의 몸통 색깔만 봐도 친환경 제품인지 아닌지를 한눈에 알 수 있도록 말이에요.
그런데 회사의 마케터가 영 시큰둥한 반응입니다. 아니, 녹색이 얼마나 예쁜데 말이에요. 우리 마케터들을 설득할 수 있도록 녹색으로 몸통을 합성한 사진을 한 장 만들어주세요!

▲ Before

▲ After

마케터와 엔지니어의 싸움이라, 어느 업계를 가도 만날 수 있는 상황이네요. 디자이너나 마케터가 승리하면 예쁘고 불편한 제품이 출시되고, 엔지니어가 승리하면 못 생기고 유용한 제품이 출시되기 마련입니다.
그런데 이번 의뢰인은 조금 특이하네요. 딱히 기능적인 의도 없이 녹색으로 합성해달라니, 뭐 어려운 요구는 아니니까 금방 해보자고요.
저는 클라이언트한테 다녀올게요. 샘플로 전구 실물이 필요하니까 몇 개 달라고 요청하려고요. 마침 사무실 화장실 전구가 깜빡거리던데 이번 기회에 돈 안 들이고 교체해야겠어요.

전구의 흰색 몸통에 주황빛이 고스란히 묻어나 있는 점에만 주의
하면 되겠습니다. 녹색 물체 위에 주황색 그림자가 선명하게 표시
되기보다는 그저 어두운 색으로만 표현될 수 있으므로 [혼합 모드]
를 적절하게 활용해주세요. 그리고 전구의 유리 부분에도 분명히
몸통의 녹색 빛이 반사될 것입니다. 이 부분 정도만 디테일을 살
리면 됩니다.

책상 위 카페 라떼 합성

학습 목표

1. 합성할 부분의 명도를 이해하며 합성하는 방법을 배워본다.
2. 번 도구와 닷지 도구에 대해 배워 부분적으로 노출을 조절하는 방법을 배워본다.

Contents	<제11장 책상 위 카페라떼 합성> 폴더를 열어주세요.
	카페라떼.psd, 카페라떼.jpg
	라떼.jpg, 바탕.jpg, 빨대.jpg
Source	원본.jpg, 시계.jpg,
Extra	합성.jpg, 합성.psd

라떼를 놓을 위치에 있는
핸드폰 지우기

이번 Chapter에서는 책상 위에 올라와 있던 물체를 지우고, 그 자리에 전혀 다른 물체를 합성하는 연습해보겠습니다. <Source> 폴더에 있는 '바탕.jpg' 파일을 포토샵으로 불러오세요.

자, 책상 위에 스마트폰이 놓여 있습니다. 이 스마트폰을 먼저 삭제해보겠습니다.

스마트폰을 지우는 방법에는 여러 가지가 있습니다. 책상의 색상을 골라 [브러시 도구]로 덧칠해버리는 방법도 있을 것이고, 아직 배우지 않은 [스탬프 도구]를 사용해 책상의 이미지를 도장 찍듯 덮어버리는 방법도 있습니다.

이번에는 더 쉬운 방법을 사용해보겠습니다. 얼굴에서 점을 뺄 때 사용했던 [스팟 복구 브러시 도구]를 실행하겠습니다.

[스팟 복구 브러시 도구 J] 로 스마트폰 위를 슥슥 덧칠하면 허무하리만큼 쉽게 스마트폰이 사라집니다.

책상 위에 녹차 라떼 합성하기

01 녹차 라떼 배치하기

<Source> 폴더의 '라떼.jpg' 파일을 불러와 적당한 위치로 이동시켜보세요. 이때 불투명도를 낮춰 사진을 약간 투명하게 만들고 위치와 크기를 조절하면 더욱 자연스러운 위치에 라떼를 배치할 수 있습니다. 옆에 놓인 키보드나 마우스의 크기를 고려하여 잔의 크기도 함께 조절해보세요.

다른 음료수 잔으로 합성을 연습해보고 싶다면, 배경과 잘 어울리는 환경에서 촬영된 음료수 잔 사진을 구해보세요. 이번 합성의 배경은 밝고 하얀 공간이므로, 밝은 공간에서 촬영된 부드러운 명도의 사진을 선택하면 좋습니다. 또한 책상을 찍은 카메라의 높이도 함께 고려해서, 음료수 잔이 자연스러운 눈높이에서 촬영된 사진을 선택해야 수월한 합성이 가능합니다.

02 라떼 누끼 따기

라떼 잔의 배경을 지우기 위해 누끼를 따보겠습니다. 컵의 아랫부분이나 옆면은 비교적 누끼를 따기 쉽지만 상단부의 얼음이나 투명한 경계부는 불규칙적인 형태이므로 [펜 도구 P] ⌀.를 활용하여 정교하게 누끼를 따주세요.

한 가지 꿀팁을 드리겠습니다. 왼쪽 사진의 경우 컵의 유리 모서리뿐 아니라 바닥에 떨어진 그림자도 약간 선택되어 있습니다. 이처럼 원본 이미지의 그림자까지도 조금 가져오면 더욱 자연스러운 그림자 합성에 도움이 됩니다.

03 라떼 잔 좌우 반전하기

그런데 그림자의 방향이 오른쪽으로 져 있습니다. 책상 위의 스탠드나 화분은 그림자가 왼쪽으로 져 있는데 말이지요. 그림자의 방향을 일치시키기 위해 라떼 잔의 누끼를 좌우 반전시키겠습니다.

Ctrl+T를 눌러 [자유 변형]을 활성화한 다음, 마우스 오른쪽 버튼으로 라떼 잔을 클릭하여 [가로로 뒤집기] 항목을 선택합니다.

그림자 만들어주기

모든 물체에는 그림자가 생기기 마련입니다. 그림자를 자연스럽게 표현해야 자연스러운 합성물을 완성할 수 있습니다. 몇 차례에 나누어 그림자를 만들어보겠습니다.

01 　컵과 책상이 닿는 면의 그림자 합성

왼쪽 메뉴 바에서 [흐림 효과 도구]를 선택해보겠습니다. [흐림 효과 도구]는 브러시가 지나간 자리를 흐리게 만들어주는 도구로 합성 결과물의 경계면을 부드럽게 다듬을 때 사용하기 좋습니다.

[흐림 효과 도구]를 사용하여 그림자가 날카롭게 끊어진 부분을 다듬고, 컵의 양쪽 면과 책상 사이의 경계면도 부드럽게 다듬어보기 바랍니다.

02   컵의 그림자 새로 그려 넣기

컵 뒤쪽의 화분이나 스탠드의 그림자를 참고하여 잔의 그림자를 어떤 방향으로 그려야 할지 감을 잡아보기 바랍니다. 먼저 새 레이어를 만든 다음, 그림자가 들어갈 영역만큼을 선택해주세요. 그리고 그 영역을 그림자의 색으로 칠합니다. 이때 그림자의 색은 주변의 다른 사물의 색을 [스포이드 도구]로 가져와 사용하면 자연스럽습니다.

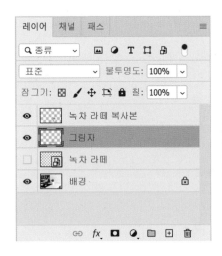

그림자에 [가우시안 흐림 효과]를 적용하면 경계면이 부드러워져, 자연스러운 그림자를 연출할 수 있습니다.

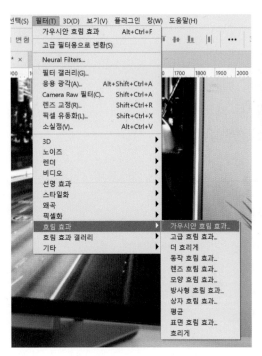

03 그림자의 명암 정보만 책상 위로 떨어뜨리기

그림자는 그림자가 드리울 배경의 색상과 무늬에 영향을 받지, 자기 자신이 색상 정보를 가지지는 않습니다. 따라서 아직 그림자가 자연스럽지 않습니다.

[곱하기]로 그림자의 정보가 아래쪽 레이어에 명암 정보를 전달하며 녹아들 수 있도록 만들어줍니다.

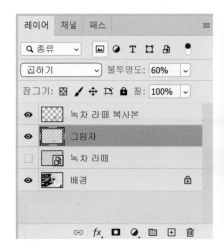 

04 멀어질수록 희미해지는 그림자의 모습 표현

[지우개 도구 E] ▲를 연하게 설정하고, 가장자리를 부드럽게 설정하여 유리잔에서 멀어질수록 그림자가 점점 연해지다가 사라지는 모습을 표현하면 그림자 제작이 끝납니다.

[지우개 도구]의 상세 설정은 화면을 마우스 오른쪽 버튼으로 클릭하여 조작할 수 있습니다.

유리잔에 빛을 자연스럽게 합성하기

01 [번 도구] 사용

책상의 우측 상단에서 빛이 떨어지고 있으므로 유리잔의 좌측과 하단은 더 어둡게 표현될 필요가 있습니다. [번 도구 Shift + O + O] 🔎 를 사용해 잔의 좌측과 하단부를 더 어둡게 표현해주세요.

02 [닷지 도구] 사용

반대로 빛을 정면에서 받는 잔의 우측과 상단은 조금 더 밝게 표현될 필요가 있습니다. [닷지 도구 O] 🔎 를 사용하여 조금 더 밝게 표현해주세요.
이로서 책상 위에 녹차 라떼를 합성하는 작업이 끝났습니다!

색상 대체로 녹차 라떼를
카페 라떼로 합성하기

[색상 대체]는 사진에 표현된 특정 색을 콕 집어 다른 색으로 바꾸는 편리한 기능입니다. 적절히 사용하면 많은 곳에서 큰 도움이 됩니다.

상단 메뉴 바에서 [이미지] > [조정] > [색상 대체]를 차례로 선택합니다. [색상 대체]가 활성화되면 마우스 포인터가 스포이드 모양으로 변경됩니다. 이 상태에서 화면을 클릭하면, 특정 색상을 선택할 수 있습니다. 스포이드로 녹차 라떼의 탁한 녹색 영역을 선택하면 다음 사진처럼 [색상 대체] 패널의 상단부에 녹색이 지정되며, 썸네일에서는 해당 색상을 포함한 영역만 하얗게 표현됩니다.

[허용량] 슬라이더를 조절하여 선택된 색상의 영향력을 조절할 수도 있습니다. 슬라이더를 적절히 움직이며 음료수 잔 안의 녹색 영역만 선택될 수 있도록 값을 찾아봅시다.

이제 하단의 [결과]라고 기재된 영역의 색상을 클릭하면 색상을 변경할 수 있는 [색상 피커] 창이 팝업됩니다.

[색상 피커]를 활용하여 카페 라떼에 어울리는 갈색을 선택하면 화면에 표시된 녹차 라떼의 색상이 변경됩니다. 사진에서는 녹색 부분이 어두운 영역과 밝은 영역으로 나뉘어 있으므로, 동일한 작업을 여러 차례 거치며 잔 안에 있는 녹차색을 모두 갈색조로 변경하기 바랍니다.

색감 보정

조정 레이어를 활용해 원하는 색감으로 사진을 보정하기 바랍니다.

▲ [색조/채도] 조정

▲ [명도/대비] 조정

빨대 합성

마지막으로 카페 라떼에 빨대를 꽂아주겠습니다.
<Source> 폴더에 있는 '빨대.jpg' 파일을 불러와 빨대 영역만 누끼를 따주세요.

필요 없는 부분은 지워주고, 카페라떼 잔 위에 자연스럽게 합성하면 완성입니다!

Designer's Comment!

다른 이미지에서 물체를 가져와 합성할 때 주의해야 할 사항들에 대해 살펴봤습니다. 책에서는 합성에 적절한 각도와 밝기로 촬영된 이미지를 여러분에게 제공했습니다만, 현실에서는 적절한 이미지를 구하는 것부터 어려울 수도 있습니다. 적합한 사진을 찾아 합성하는 것은 관찰력에서부터 출발합니다. 사진을 유심히 관찰하며, 어떤 정보를 가졌는지 파악해보는 연습을 해보기 바랍니다.

Client's Quest!

안녕하세요.
이 사진은 전 여자친구가 선물해준 꽃병과 장식품 사진이에요. 저는 이 사진의 구도나 책상의 질감이 아주 마음에 드는데, 책상 위에 올라온 소품이 영 마음에 들지 않습니다.
꽃병과 장식물을 지워주시고 전혀 엉뚱한 물건을 합성해주시겠어요?

▲ Before

▲ After

저런! 청춘이로군요. 마침 우리 사무실에 장식용 호박과 시계가 있으니, 이걸로 대충 합성해주자고요. 리소스는 <Extra> 폴더에 넣어놨어요. 그렇게 해도 되냐고요? 뭐 어때요. 내 연애사도 아닌데. 아, 나도 연애하고 싶다.

비교적 배경과 사물이 손쉽게 분리될 수 있는 상황이므로 편하게
작업을 진행해도 좋겠습니다. 단, 책상과 꽃병이 닿는 부분은 색감
이나 밝기가 비슷해 명확한 분리가 어려울 수도 있으니 주의가 필
요합니다.

3

이것이 바로
상업용 시각디자인?

Red Sunset: Memories of the Sea

sunset

제품 색상 변경 합성

학습 목표

1. 이미지를 원하는 비율에 맞도록 필요한 부분을 생성하는 방법을 배워본다.
2. 한 제품의 사진으로 다양한 색상의 제품군을 표현하는 방법을 배워본다.

Contents	<제12장 제품 색상 변경 합성> 폴더를 열어주세요.
	텀블러 색.psd, 텀블러 색.jpg
Source	원본.jpg
Extra	텀블러.jpg, 패턴.jpg, 합성.jpg, 합성.psd

01 배경을 왜 채워 넣어야 하나요?

카메라로 촬영된 사진은 대부분 가로로 길쭉하거나 세로
로 길쭉한 형태입니다. 이 사진을 정사각형으로 만들려
면 불필요한 부분을 잘라내는 방법도 있겠습니다만, 이
것이 곤란한 경우도 있습니다.

다음 사진은 <Source> 폴더에 있는 '원본.jpg' 파일입니
다. 이 파일의 위아래를 잘라내어 정사각형으로 만들면
정작 '물병'이라는 사물을 식별할만한 정보가 손상됩니
다. 따라서 이런 사진의 경우 사진을 위아래로 자르기보
다는, 사진의 좌우에 배경을 새롭게 그려 넣어 정사각형
으로 만드는 것이 훨씬 유용합니다.

▲ 정사각형으로 크롭한 사진　　　　　▲ 원본.jpg

자, 그러면 지금부터 실습을 시작해보겠습니다. '원본.jpg' 파일을 포토샵으로 불러온 다음 [Ctrl]+[J]¹를 눌러 레이어
를 복제합니다.

1　맥OS에서는 [Command]+[J]

02 캔버스 크기 조절

레이어 패널에서 복제된 이미지 레이어를 클릭해주세요. 그리고 상단 메뉴 바에서 [이미지] > [캔버스 크기 Alt + Shift + C]]를 차례로 선택합니다.

[현재 크기]에 현재의 이미지 크기가 입력되어 있습니다. 높이가 1920픽셀로 폭보다 크므로, [새로운 크기]에서 [폭 (W)]과 [높이(H)]를 모두 1920픽셀로 설정합니다.

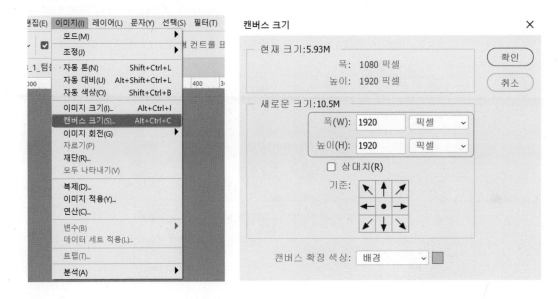

짠! 정사각형의 캔버스가 만들어졌습니다. 설명의 편의상 빈 공간을 회색으로 칠해두었는데요, 여러분의 컴퓨터 화면에서는 회색이 아니라 배경색으로 표현될 것입니다.

03 [자유 변형]으로 사진 옆으로 늘이기

텀블러의 왼쪽 배경 영역을 선택하고 [자유 변형] 상태에서 Shift 키를 누른 채 드래그해 왼쪽으로 늘려줍니다.
그런데 한 가지 문제가 있습니다. 원래 배경에서는 바닥과 벽면이 맞닿는 영역이 사선으로 떨어지고 있습니다. 하지만 우리가 방금 늘려준 이미지는 수평에 가까운 각도로 경계면이 표현되고 있습니다.
[자유 변형]을 활용해 이 사선 영역을 보정해보겠습니다. 단축키 Ctrl+T²를 눌러 [자유 변형]을 실행하고, Ctrl 키를 누른 채로 왼쪽 변의 가운데 있는 점을 클릭하여 위쪽으로 드래그해 경계선이 그럴싸한 각도로 기울어지도록 만들어주세요.

아까보다는 자연스럽습니다. 오른쪽 배경도 마찬가지 방법으로 제작합니다.

2　맥OS에서는 Command + T

자, 배경이 좌우로 길게 늘어났습니다.

여기에서 한 가지 팁을 드리면, 별도의 레이어에 아래 사진처럼 원래 사선의 기울기를 그림으로 그려두면 작업을 조금 더 수월하게 할 수 있습니다. 이 기울기를 참고하여 사진을 변형하면 되니까요.

04 빈 공간 채우기

이미지를 사다리꼴로 기울이며 경사면을 맞추다 보니 위아래 귀퉁이에 빈 공간이 생겼습니다. 이 부분을 채우기 위해 [브러시 도구]를 사용해보겠습니다. [브러시 도구 B] ✏️를 활성화한 상태에서 Alt 키를 꾹 누르면 마우스 커서가 스포이드 모양으로 변경됩니다. 이 상태에서 빈 공간 주변 배경을 클릭해 색상을 뽑아낸 다음, 브러시로 색을 칠해줍니다.

짜잔! 원본 이미지가 정사각형으로 변했습니다!

누끼 따기

상업용 제품은 깔끔한 이미지가 중요합니다. 따라서 [펜 도구 P] ⌀.를 사용해 깔끔하게 누끼를 따겠습니다. 텀블러 사진은 배경, 뚜껑, 몸통으로 각기 분리하겠습니다. 배경이나 몸통의 색상만 바꿔도 그럴싸한 사진을 만들 수 있기 때문입니다.

먼저 텀블러의 외곽을 따라 누끼를 따줍니다. 이어서 손잡이 내부의 흰색 배경을 지워냅니다.

뚜껑의 누끼를 따서 별도의 레이어로 복제합니다. 그리고 레이어 패널 옆의 패스를 살펴보면, 최근에 뚜껑의 누끼를 따기 위해 만들어진 선택 영역이 살아있습니다. 이 영역을 Ctrl 키[3]를 누른 채로 썸네일을 클릭하고, 다시 단축키 Ctrl + Shift + I [4]로 [선택 영역 반전]을 실행하면 텀블러의 몸통 부분이 선택 영역으로 지정됩니다.

이 영역을 복제하면 몸통 부분의 누끼도 한 번에 따집니다. 텀블러의 각 파트 분리가 완료되었습니다.

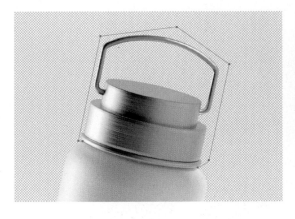 

---

3   맥OS에서는 Command
4   맥OS에서는 Command + Shift + I

색 칠하기

01 텀블러 몸통 채색

이제 물체의 색상을 변경하는 기법은 꽤나 익숙해졌을 것 같네요. 레이어 패널에서 Ctrl키[5]를 누른 채로 텀블러의 몸통 레이어를 선택합니다.

이어 [조정 레이어]나 [클리핑 마스크] 등을 활용하여 여러분의 취향에 맞는 색으로 몸통을 색칠합니다.

이어 [혼합 모드]에서 [곱하기]를 선택하면 텀블러에 자연스러운 군청색을 합성할 수 있습니다.

---

5   맥OS에서는 Command

02 배경색 바꾸기

같은 방법으로 배경색을 변경해 봅니다. 배경 레이어 위에 단색으로 칠해진 레이어를 얹은 뒤 [혼합 모드]의 [곱하기]를 실행합니다.

03 배경색에 맞추어 뚜껑에 반사광 넣기

주변이 군청색으로 변했으니 스테인리스 뚜껑에도 파란색 반사광이 맺혀야 합니다. 반사광을 만들어 보겠습니다.
앞서 살펴본 방법과 마찬가지로 뚜껑 레이어 위에 파란색 레이어를 얹어주세요. 그리고 이번에는 [혼합 모드]에서
[소프트 라이트]를 설정합니다. [소프트 라이트]는 부드럽게 색상을 합성합니다.
이후 불투명도를 낮추면서 파란색 빛을 점점 더 투명하고 연하게 합성하면 마치 주변광이 자연스럽게 반사된 것처럼 스테인리스 뚜껑에 푸른 빛이 맴돌게 됩니다.

04 배경과 텀블러가 확연히 분리되게 만들기

배경과 텀블러의 명암이 동일한 톤으로 표현되어 있어 잘 분리되지 않는 것 같습니다.

먼저 [닷지 도구 ○] 🔍 를 활용하여 텀블러의 테두리에 맺히는 반사광을 표현하고, [번 도구 Shift + ○ + ○] 🖐 를 활용해 텀블러의 몸체에 생기는 어두운 영역을 표현합니다. 배경과 달리 입체적인 명암이 들어가면서 텀블러와 배경이 또렷하게 분리되어 보입니다.

매번 브러시를 활용해 [닷지 도구]와 [번 도구]를 칠하는 것이 번거롭고 부담스럽다면 [조정 레이어]의 [노출], [곡선] 등의 도구를 활용하는 것도 좋습니다. 슬라이더와 곡선의 그래프를 이리저리 드래그해보며 여러분의 취향에 맞게 배경과 텀블러가 분리되도록 조정해보기 바랍니다.

다른 색상의 제품 이미지 만들어보기

01 레이어 그룹화

이제 작업이 완료되었으므로 다른 색상의 제품 이미지도 금방 만들 수 있습니다. 작업에 앞서, 군청색 텀블러의 작업 결과를 보존하기 위하여 그룹화해보겠습니다.

레이어 패널에서 합성된 텀블러를 구성하는 레이어들을 Shift 키를 누른 채로 클릭하여 모두 선택합니다. 이어 레이어 패널 하단의 폴더 모양 아이콘을 클릭하거나 Ctrl+G[6]를 누르면 그룹화가 수행됩니다.

이어 '군청 텀블러' 폴더를 선택한 뒤 Ctrl+J[7]를 눌러 폴더를 통째로 복사하고, 폴더의 이름을 '버건디 텀블러'로 변경합니다.

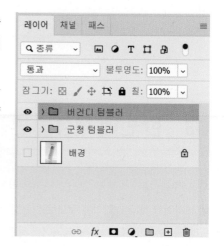

02 텀블러 색상을 [색조/채도]로 변경

텀블러의 몸통 레이어를 Ctrl 키[8]를 누른 채로 클릭하여 영역을 지정하고, 조정 레이어에서 [색조/채도]를 선택합니다.

[색조/채도]에서 [색조] 슬라이더와 [채도] 슬라이더를 조절하여 텀블러의 몸통을 버건디색으로 변경하겠습니다.

---

6 맥OS에서는 Command + G
7 맥OS에서는 Command + J
8 맥OS에서는 Command

동일한 방법으로 배경색과 뚜껑의 반사광 색도 변경합니다.

03   한 번에 색상을 변경하는 방법

지금까지는 배경과 몸통, 그리고 뚜껑을 각기 따로따로 변경하는 방법을 살펴봤습니다. 하지만 경우에 따라 최상단
에 레이어를 하나 추가하는 것으로 한 번만에 작업이 가능할 때도 있습니다.

아래 예시는 '버건디 텀블러' 레이어를 통째로 복사하여 그 위에 '색조/채도' 레이어를 얹고, [색조/채도]에서 색감을
카키색으로 변경한 예시입니다.

이 방법은 사물과 배경 등 사진에 표현된 전반적인 색감을 한꺼번에 변경하면 한 번의 작업으로도 색상 수정이 가능
하므로 편리합니다. 단, 부위별로 정밀한 색상 변동은 곤란합니다.

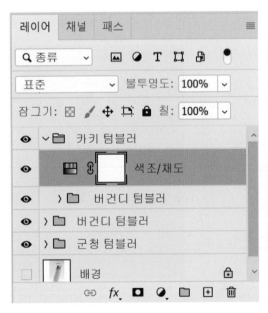

04 여러 가지 색상을 만들어봅시다

여러분이 텀블러 회사의 디자이너가 되었다고 생각하고, 어떤 색상의 텀블러들을 출시하면 좋을지 고민해보면서 여러 가지 색상의 텀블러 이미지들을 제작해봅시다.

Designer's Comment!

이번 Chapter에서는 제품의 색상을 변경하는 여러 가지 방법을 살펴봤습니다. 각 파트를 분할하여 칠하는 방식도 있었고, 조정 레이어를 활용해 전체적인 색감을 한꺼번에 변경하는 방법도 있었지요.
한 번 만들어둔 이미지를 활용해 다채로운 색상의 제품 이미지들을 만들 수 있으므로 한 번 연습해두면 다양한 곳에서 활용이 가능합니다.
이번 Chapter에서 제작한 이미지들은 추후 다시 활용할 예정이니 잘 보관하기 바랍니다.

Client's Quest!

안녕하세요!
지난번에 카페용 테이크아웃 잔에 로고를 합성해달라고 부탁드렸던 사업주입니다. 덕분에 우리 카페가 2호점을 내게 되었습니다. 신규 개점 행사 겸 이번에 신제품으로 텀블러도 출시해보려고 해요.
공장에 제작 희망 시안을 보내야 하는데요, 혹시 제가 드리는 패턴을 텀블러 위에 합성해주실 수 있으신가요?

▲ Before

▲ After

우리 사무소를 거쳐 간 고객이 승승장구하고 있다니, 무척이나 뿌듯한 소식이네요. 클라이언트에게 전달받은 패턴과 텀블러 이미지는 <Extra> 폴더에 넣어뒀어요. 합성 좀 부탁드려요.
저는 고객 면담 겸 카페에 방문해서 커피랑 디저트를 좀 얻어올게요. 왜 그런 눈으로 보세요? 그러면 안 드실 거죠? 제 것만 받아올까요?
드신다고요? 그럴 줄 알았어요.

Designer's Advise!

지금껏 배웠던 기법만으로 충분히 해낼 수 있는 의뢰입니다. 다만 배경에 빛이 매우 많은 환경임에 주의해야 합니다. 빛이 풍부한 환경에서는 그만큼 반사광과 그림자의 자연스럽고도 오묘한 조화가 필요한 법이거든요. 자연스러운 결과물이 나오도록 [번 도구]와 [닷지 도구]를 적극적으로 활용해보기 바랍니다.

텍스트 배너 만들기

학습 목표

1.   문자 도구의 다양한 활용 방법을 배워본다.
2.   간단한 문자 배치로 배너를 제작해본다.

EVENT

우수한 보온 보냉력
새로운 텀블러의 기준

Contents	<제13장 텍스트 배너 만들기> 폴더를 열어주세요. 가로 배너.jpg, 가로 배너.psd
Source	Banner.jpg
Extra	보온병.jpg, 보온병 완.jpg, 보온병 완.psd

문자 도구 살펴보기

01 [문자 도구]를 왜 사용하나요?

텍스트를 활용하면 매우 명확하고 직관적으로 메시지를 전달할 수 있습니다. 이번 Chapter에서는 포토샵에서 텍스트를 입력하고 편집하는 방법을 살펴보겠습니다.

화면 왼쪽의 도구 바에서 [문자 도구]를 찾아보기 바랍니다. 우리가 가장 일반적으로 많이 사용하는 도구는 [수평 문자 도구]입니다만, 포토샵에서는 더욱 다양한 문자 입력 기능을 제공합니다.

02 [수평 문자 도구]의 사용 방법

[수평 문자 도구 T] T 를 선택하면 마우스 커서의 모양이 바뀝니다.

이 상태에서 화면의 빈 공간을 선택해보세요. 화면에 글자를 입력할 수 있는 깜빡이 커서가 생겨납니다. 여기에 바로 타이핑을 하면 화면에 글자가 입력됩니다.

> **한 방향으로 입력이 되는 방식으로 제목, 항목 등 단일 항목에 많이 쓰인다.**
> **줄을 바꾸고자 하면 Enter를 활용해야 한다.**

한 번 입력한 문자는 단축키 Ctrl + T로 [자유 변형]을 할 수도 있습니다.

반면 마우스로 화면의 일정 영역을 드래그하면 상자가 생기고, 그 상자 내부가 글자를 입력할 수 있도록 활성화됩니다. 활성화된 영역 내부에서 글이 작성되며, 상자의 경계를 넘어서게 되면 자동으로 줄바꿈됩니다.

활성화된 영역 내부에서
글이 써지며 영역을
넘어가는 부분은 자동으로
줄바꿈이 된다.
박스의 영역을 벗어나는
텍스트들은 이렇게 보이지

하지만 영역 마지막 구역에서 글자가 상자 밖으로 빗어나게 된다면 더 이상 글자기 표시되지 않습니다.
하지만 상자의 우측 아래를 보면 ⊞ 아이콘이 있습니다. 이 아이콘은 '화면에 보이지는 않지만 이 상자 안에 아직 표시되지 않은 글자가 더 남아 있어요!'라는 의미입니다. 박스를 드래그하여 크기를 키우면 숨겨져 있던 글자를 표현할 수 있습니다.

다.
을 벗어나는
이렇게 보이지

활성화된 영역 내부에서 글이 써지며
영역을 넘어가는 부분은 자동으로
줄바꿈이 된다.
박스의 영역을 벗어나는 텍스트들은
이렇게 보이지 않지만 박스 크기를
늘이면 나타나게 된다.

여기까지가 가장 일반적으로 사용되는 [수평 문자 도구]의 사용법이었습니다.

03   영역에 글자 채우기

포토샵에서는 네모반듯한 글상자뿐 아니
라 다양한 형태의 영역에 글자를 입력하
는 기능을 제공합니다.

화면에 동그라미를 그린 뒤, 이 도형이 있
는 레이어를 선택한 다음 [수평 문자 도
구]를 클릭합니다. 이 상태에서 마우스로
도형을 클릭하면 도형 내부에 글자를 채
워 넣을 수 있습니다.

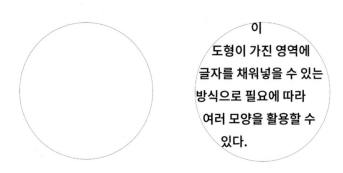

[펜 도구]로 그린 복잡한 도형에서도 작
동합니다.

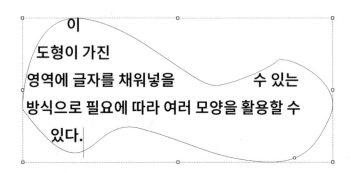

04   패스를 따라 글자 입력하기

[펜 도구]로 패스(path)를 그리고, 그 선을 따라 글자를 입력하는 것도 가능합니다.

패스를 그린 뒤 [문자 도구]를 활성화하고, Alt 키를 누른 채로 선을 클릭해보세요. 아래와 같이 패스 위를 따라 글
자를 배치할 수 있습니다.

05 문자/단락 패널 활성화

텍스트를 화면에 입력하는 방법은 살펴봤으니 폰트나 단락을 설정하는 방법을 살펴보겠습니다. 상단 바에서 [창] > [문자]를 클릭해 문자 패널을 활성화해주세요. 컴퓨터의 설정에 따라 [문자 도구]를 활성화하면 우측에서 자동으로 [문자] 패널이 활성화되기도 합니다.

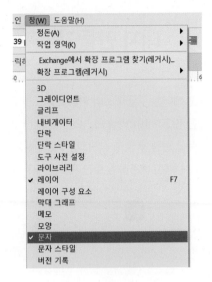

패널의 상단에서 [문자]와 [단락]을 선택하여 화면에 표시될 텍스트의 글자체나 단락의 모양 등을 세부적으로 설정할 수 있습니다.

텀블러 광고 배너 이미지 만들기

01 대지 만들기

광고 배너는 구글 애즈나 카카오 애드핏 등 광고 대행사가 요구하는 정확한 규격에 맞추어 제작해야 합니다. 가장 무난한 1920×400픽셀 크기의 가로형 배너를 만들어보겠습니다.

포토샵 실행 후 좌측 상단의 [새로 만들기 Ctrl + N] 버튼을 누른 후 팝업창에서 대지의 폭과 높이를 설정합니다. 그리고 [확인] 버튼을 누르면 새로운 대지가 제작됩니다.

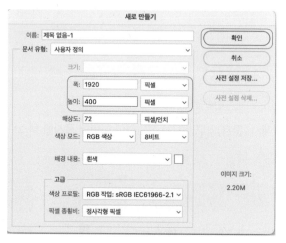

02 대지 위로 사진 불러오기

<Source> 폴더에 보온병 이미지(Banner.jpg)가 있습니다. 이 사진을 대지 위로 불러오세요.

03   반응형 웹에 대비한 디자인 만들기

광고 사이트에 따라 1개의 배너로 데스크톱, 모바일 환경에서 모두 광고를 노출하는 경우도 있습니다. 이 경우 광고의 양 옆이 잘려 나가고 가운데 부분이 화면에 노출되는데요, 이런 경우를 가정하면서 이미지를 만들어보겠습니다. 가장 유명한 모 광고 플랫폼에서는 좌우가 잘려 나가고 가운데 1020픽셀가량의 영역만 노출된다고 하니, 여기에 맞추기 위해 별도의 레이어를 만들어 가로 1020픽셀 크기의 사각형을 만들어주세요. 이 사각형을 기준선으로 잡고, 이 상자의 왼쪽 끝이나 오른쪽 끝보다 바깥쪽으로 글자가 뻗어나가지 않도록 디자인해야 합니다.

이 상자가 있는 레이어를 레이어 패널에서 가장 위쪽 순서로 이동시키고 자물쇠를 클릭하여 잠가주세요.

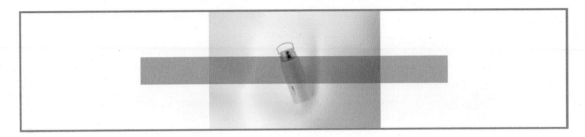

04   레이아웃 구상하기

레이아웃을 잡을 때는 가장 중요한 오브젝트를 화면의 1/3 지점에 위치시키는 것이 가장 무난한 디자인입니다. 이외에도 1/4, 1/5 지점 등 정해진 비율에 따라 오브젝트를 이동시키면 균형 잡힌 디자인을 만들 수 있습니다.

텀블러가 대략 1/4 지점이 되는 영역의 정중앙에 오도록 이미지를 이동했습니다.

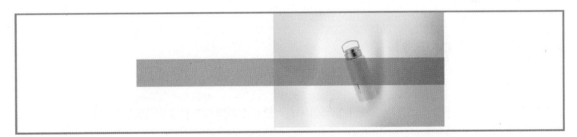

05 빈 영역의 배경 채우기

앞에서 배운 기법을 활용해 배경을 늘려줍니다. 단, 이 경우 대지 위로 이미지를 불러와 [고급 개체]로 인식되고 있으니 [래스터화]를 먼저 진행해주세요.

물병의 왼쪽 영역을 먼저 선택하고 단축키 Ctrl + T'를 눌러 [자유 변형]을 실행합니다.

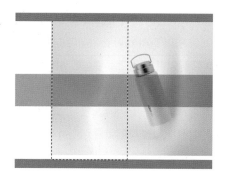

이어서 Shift 키를 누른 채로 한쪽으로 길게 드래그합니다.

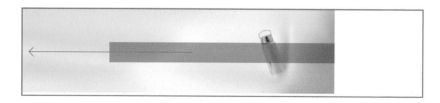

동일한 방법으로 오른쪽 영역과 아래쪽 영역도 배경을 확장합니다.

06 안내선 만들기

회색 상자도 일종의 표시 역할을 할 수 있지만, 회색이 시각적으로 우리의 디자인을 방해하고 있으므로 불편합니다.

이 사각형을 활용해 화면에 표시되는 일종의 안내선을 표시하겠습니다.

먼저 사각형을 확대해 화면의 위와 아래를 가득 채우도록 만들고, 상자를 영역으로 선택합니다.

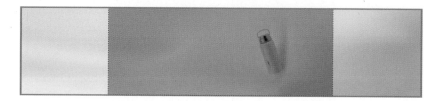

---

1   맥OS에서는 Command + T

이어 상단 메뉴 바에서 [보기] > [모양에서 새 안내선]을 선택합니다.

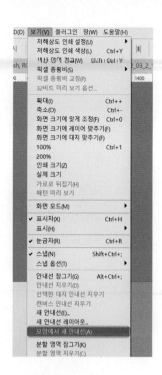

짜잔! 상자가 있던 위치에 별색으로 안내선이 표시되었습니다! 이 안내선은 Ctrl + ; [2]를 눌러 비활성화하거나 다시 활성화할 수 있습니다.

07 보온병 크기 조절

안내선까지 그리고 보니 보온병이 조금 작아 보입니다. 눈에 더 잘 띄게 전체적으로 이미지를 확대합니다.

---

2 맥OS에서는 Command + ;

01 [문자 도구]로 글자 입력하기]

[수평 문자 도구 T]] T 를 활용해 화면에 광고 문구를 입력합니다. 가로 폭 1020픽셀 안에서 문구를 최대한 표현해야 하므로, 적당한 폰트와 글자 크기를 찾아내는 것이 중요합니다. 컴퓨터에 설치된 다양한 폰트들을 선택해보면서 광고 배너로 활용하기 가장 적합한 폰트를 찾아보기 바랍니다.

강조가 필요한 글자는 배경과 확연히 분리되는 색상으로 입력하는 것이 좋습니다. 마침 흰 배경이니 검은색 글자면 충분합니다. 중간 굵기로 가장 중요한 문구를 표현했습니다.

▲ Noto Sans CJK KR Medium / 63pt

그런 다음 더 가늘고 작은 글자로 부제목에 해당하는 글자를 입력했습니다. 이처럼 물체와 동일 선상에 글자를 배치하면 안정감을 줄 수 있습니다.

▲ Noto Sans CJK KR Light / 36pt

02   둥근 사각형 그리기

배너의 가장 중요한 부분에 넓은 면적을 글자로 할애했습니다. 이제 장식적인 요소를 추가하여 남는 면적을 활용해보겠습니다. 전경색을 진회색(#5C6576)으로 설정하고 [사각형 도구]로 작은 직사각형을 그립니다.

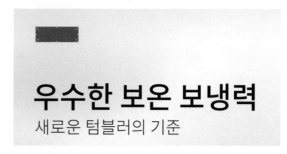

사각형의 네 귀퉁이를 살펴보면 네 귀퉁이의 안쪽에 원형의 핸들이 생겨나 있습니다. 이 핸들을 드래그하면 모서리가 점점 둥글게 변합니다. 모서리가 둥근 사각형을 만들고 그 위에 글자를 입력해보세요.

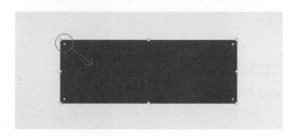

만든 사각형 위에 글자를 입력해보세요.

▲ Noto Sans CJK KR DemiLight / 21pt

자, 고생했습니다! 이제 단축키 [Ctrl]+[;]를 눌러 안내선을 숨겨 주면 작업이 모두 끝납니다!

Designer's Comment!

텍스트를 입력하여 간단하면서도 확실하게 정보를 전달하는 방법을 살펴봤습니다. 글자를 활용한 디자인 작업에는 어떤 폰트를 어떤 크기로 삽입하면 좋을지에 대한 감각이 무척이나 중요하게 작용합니다.

여러분이 원하는 느낌을 빠르게 떠올릴 수 있도록, 평소에 많은 자료들을 살펴보며 눈으로 폰트들을 익혀두기 바랍니다. 눈누(https://noonnu.cc)와 같은 사이트를 방문하면 상업적 목적으로 사용 가능한 대량의 무료 폰트를 한눈에 살펴볼 수 있습니다. 여기에서 여러분의 취향에 맞는 폰트를 빠르게 다운로드하여 디자인에 소요되는 시간을 절약할 수 있습니다.

▲ 눈누 화면

반면 워드마크(https://wordmark.it)를 사용하면 여러분의 컴퓨터에 설치된 폰트들을 한 번에 불러올 수 있습니다. 이미 설치되어 있는 폰트들 중 어떤 것을 사용하면 좋을지 빠르게 살펴볼 수 있으므로 적극적인 활용을 추천합니다.

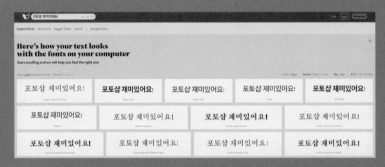

▲ 워드마크 화면

안녕하세요!

지난번에 두 차례 작업해주셨던 카페 사장님 있죠? 그 분의 추천으로 방문했습니다.

저는 보온병을 비롯한 판촉물을 제작하는 회사를 운영하고 있습니다. 이번에 기업체들을 대상으로 판촉용 보온병을 광고해보려고 하는데요, 마침 이 디자인하우스가 실력이 무척 뛰어나다고 해서요.

보온병 사진은 있는데, 여기에 눈길을 확 잡아끌 수 있도록 문구를 삽입해주시겠어요?

▲ Before

▲ After

고객이 소개해준 고객이라, 이것 참 뿌듯하네요. 그만큼 우리 고객들이 작업 결과에 만족했다는 뜻이니까요. 앞으로 더 열심히 해야겠네요? 그쵸? 열심히 하실거죠?

고객에게 받은 리소스는 <Extra> 폴더에 넣어뒀습니다. 그러면 예쁜 배너를 만들어주세요.

저는 고객사에 좀 다녀올게요.

네? 아, 이제 눈치도 참 빠르시네요. 알았어요, 보온병 샘플 하나 받아다 드릴게요. 네, 그러면 수고하세요.

보온병이 화면의 1/3 지점에 위치할 수 있도록 사진을 조금 확대해야겠네요. 그리고 글자가 잘 보일 수 있도록 우측에 어두운 이미지를 위주로 몰아서 배치하고, 그 위에 하얀색 글자를 얹으면 한눈에 잘 보일 것 같습니다.

인스타그램용 광고 이미지 제작

학습 목표

1. 이미지를 원하는 비율에 맞도록 필요한 부분을 생성하는 방법을 배워본다.
2. 한 제품의 사진으로 다양한 색상의 제품군을 만드는 방법을 배워본다.

Page 1

새로운 텀블러의 기준

tumbler

Page 2

처음 담았던   그 온기 그대로

tumbler

Page 3

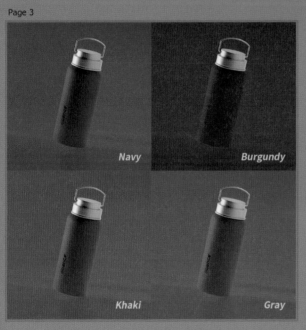

Navy   *Burgundy*

Khaki   *Gray*

Page 4

tumbler

@tumbler_official

Contents   <제14장 인스타그램용 광고 이미지 제작> 폴더를 열어주세요.
SNS.psd, SNS_Page_1.png,
SNS_Page_2.png, SNS_Page_3.png,
SNS_Page_4.png

Source   P1.jpg, P2.jpg, P3_1.jpg, P3_2.jpg,
P3_3.jpg, P3_4.jpg, P4.jpg

Extra   예제.jpg, 예제.psd, P5.jpg

대지(아트보드) 살펴보기

01 대지란 무엇인가?

지금까지 우리는 포토샵을 실행해 한 번에 1개의 이미지를 작업해왔습니다. 포토샵 화면 정중앙에 흰색 사각형이 있고, 그 위에 사진을 편집하고 합성해왔지요.

그런데 SNS용 홍보자료와 같이 한 화면에서 대지를 여러 개 제작해 동시에 띄워두고 작업하면 편리합니다. 지금부터 대지를 만드는 방법을 살펴보겠습니다.

업계 용어 사전 | 대지(아트보드)

아트보드(Artboard)는 디자인 프로그램에서 사용되는 용어로, 그림이나 사진을 올려놓을 수 있는 하얀 공간을 의미합니다. 우리가 지금까지 합성하면서 만나봤던 사각형 레이어의 빈 공간이 바로 아트보드에 해당합니다.

아트보드는 어도비 일러스트레이터에서 [대지]라는 용어로 공식 번역되어 사용되고 있습니다. 따라서 업계에서는 [대지]라는 용어로 더 자주 불립니다.

포토샵에서는 번역이 통일되지 않아 Artboard라는 메뉴를 [대지]라고 번역하기도 하고 [아트보드]라고 그대로 표기하기도 합니다. 추후 일러스트레이터 등의 도구와의 통일성을 위하여 본문에서는 [대지]라는 용어를 주로 사용하겠습니다.

02 새 문서를 만들 때 대지 설정

포토샵에서 새 문서를 만들 때, 해상도 설정 창 옆의 [아트보드] 메뉴를 체크하면 우리가 평소 작업하던 레이어 패널과 달리 레이어 패널에 '대지 1'이라는 표기와 함께 대지가 만들어집니다.

설정 창에서 웹이나 모바일용 대지 프리셋을 선택하면 [아트보드] 메뉴에 자동으로 체크 표시가 선택됩니다. [아트보드]를 체크한 뒤에는 색상 프로필이 [sRGB]로 설정되어 있는지도 확인하는 습관을 들이는 것이 좋습니다. 웹용 이미지의 색상 프로파일은 CMYK가 아니라 RGB이기 때문입니다.

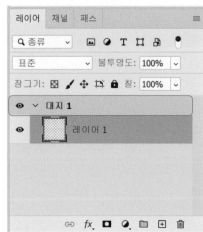

작업 화면도 겉보기에는 크게 다른 것 같지 않습니다. 하지만 대지의 좌측 상단을 자세히 살펴보면 [대지 1]이라는 제목이 붙어 있는 것을 확인할 수 있습니다. 우리가 레이어 패널의 [대지 1]을 대상으로 보정이나 편집을 수행하면, 화면의 [대지 1] 영역의 이미지가 변화합니다.

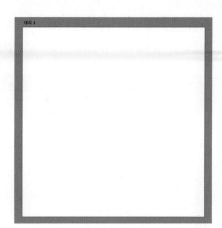

03   대지를 여러 개 추가하기

화면 왼쪽의 도구 바를 살펴보면 [이동 도구 V] 의 하위에 있는 [대지 도구 Shift+V+V] 를 찾을 수 있습니다. [대지 도구]를 활성화한 채로 [대지 1] 제목을 클릭합니다.

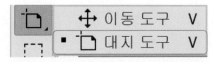

대지 편집 모드가 활성화되며 대지의 사방에 ⊕ 기호가 생겨납니다.

이 모양을 클릭하면 그 방향으로 대지가 추가되고, 자동으로 [대지 2], [대지 3] 순서로 대지의 이름이 지정됩니다.

또는 Alt 키를 누른 채로 대지를 드래그하여 대지를 복사할 수도 있습니다. 이때는 새로운 대지를 추가하는 것이 아니라 기존의 대지를 복사하는 것이므로, 원본 대지 이름 뒤에 '복사'라는 글자가 따라붙습니다.

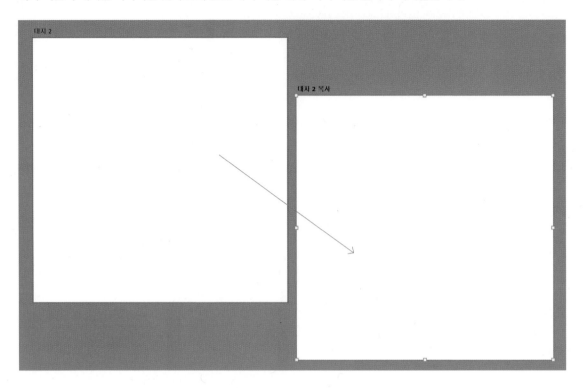

아래처럼 [대지 도구 Shift + V + V] ✛ 로 빈 공간을 드래그하여 새로운 대지를 만드는 것도 가능합니다.

SNS 피드 형식 콘텐츠 제작

정사각형의 사진 위에 텍스트를 입력하여 표지를 제작해보겠습니다. 텀블러 사진을 SNS용 광고로 제작한다고 가정하고 작업을 시작해보겠습니다.

01 레이어의 행/열 등간격 분할

<Source> 폴더의 'P1.jpg' 파일을 정사각형 대지 위에 올려놓고 텀블러의 위치를 조정해주세요. 텀블러를 좌측 1/3 위치 지점에 배치하겠습니다. 눈대중으로 배치해봤지만 조금 불만족스럽습니다. 안내선을 그려 정확하게 1/3 지점이 어느 정도 위치인지 확인해보겠습니다.

상단 메뉴에서 [보기] > [새 안내선 레이아웃]을 선택합니다. 이어 팝업창에서 [열]과 [행]을 체크하고, [번호]에 각각 3을 입력합니다. [열]에 '3'을 입력할 경우 레이어가 세로로 3등분되어 쪼개지며, [행]에 '3'을 입력할 경우 레이어가 가로로 3등분되어 쪼개집니다. 결과적으로 간격이 일정한 격자무늬 안내선이 화면에 표시됩니다. 이 안내선을 참고하여 텀블러의 위치를 1/3 지점에 위치시켜주세요.

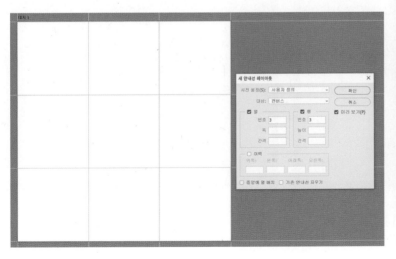

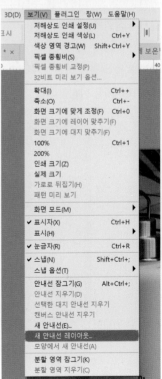

이어서 화면의 우측과 하단에 글자를 입력하여 표지를 완성합니다.

02   여러 대지의 공통 요소 같은 위치에 복사하기

대지를 하나 더 만들고 <Source> 폴더의 'P2.jpg' 파일을 [대지 2] 위에
불러와주세요. 정사각형 이미지이므로 바로 불러오면 됩니다.
[대지 1]의 우측 하단에 기재한 영문 'tumbler'를 [대지 2]에도 같은
위치에 삽입해보겠습니다. 먼저 [대지 1]의 영문 텍스트를 클릭하고
Ctrl + C'를 눌러 복사합니다. 이어 [대지 2]를 클릭하여 선택한 뒤, 단
축키 Ctrl + Shift + V²를 누릅니다. 그러면 [대지 1]에서와 같은 위치에
글자가 삽입됩니다.

글자 색을 배경과 어울리는 색으로 수정하고 글자를 조금 더 추가해 두
번째 이미지를 완성합니다.

---

1   맥OS에서는 Command + C
2   맥OS에서는 Command + Shift + V

03 색상 종류를 한눈에 보여주는 대지 만들기

대지를 하나 더 만들어 [대지 3]을 만들어주세요. 그리고 이 대지 위에 2x2 안내선 레이아웃을 잡아주세요.
<Source> 폴더에 있는 P3_1.jpg, P3_2.jpg, P3_3.jpg, P3_4.jpg 파일을 네 칸의 공간에 하나씩 올려주세요. 그리고
각각의 이미지 우측 하단에 색상을 영문자로 표기합니다.

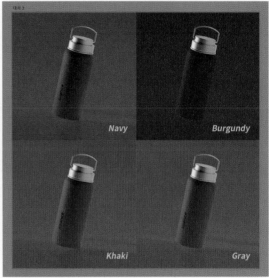

04 레이어를 쌓아 이미지 일부를 가리기

대지를 하나 더 추가해주세요. 이번에는 사진 일부 영역을 잘라내는 또
다른 기법에 대해서 살펴보겠습니다.
클리핑 마스크를 사용해 이미지 일부를 잘라내는 기법을 앞서 살펴봤
는데요, 이미지를 자르고 남은 빈 공간을 단색이나 단순한 패턴 등으로
메우고 싶을 때는 간단히 다른 레이어를 덮어씌우는 것으로도 이미지
를 잘라낼 수 있습니다.
[대지 4]에 <Source> 폴더의 'P4.jpg'를 불러와 적당한 위치에 배치해
주세요. 레이어의 왼쪽에 여백을 약간 부여했습니다.

여백 부분을 선택 영역으로 잡아줍니다. 이때 만약 선택 영역의 사각형 테두리가 이미지와 제대로 꼭 맞닿아 들어간다면 분홍색의 안내선이 표시됩니다. 그리고 빈 공간에 여러분이 원하는 색을 채워 넣어주세요. 흰색을 채워 넣으며 작업을 진행하면 더 예쁘겠지만, 본문에서는 설명을 위하여 일부 이미지를 연분홍색으로 표현합니다.

별색으로 채워진 사각형 레이어를 복제하고 회전시키며 사진의 위아래 왼쪽에 모두 동일한 두께의 여백이 삽입되도록 편집합니다. 이렇게 사진 일부 영역을 클리핑 마스크를 사용하지 않고 비워내는 작업이 끝났습니다.

텍스트를 추가해 장식적인 요소로 활용합니다.

대지 이름 바꾸기

현재 화면에 표시된 대지들은 [대지 1], [대지 2], [대지 3], [대지 4]입니다.

대지의 이름을 바꾸려면 화면 우측의 레이어 패널에서 대지 이름을 더블 클릭하여 변경하면 됩니다. 자동으로 연동되어 화면 좌측의 작업 창에 표시된 대지의 이름도 함께 바뀝니다.

SNS나 웹용 이미지와 같이 동시에 여러 개의 이미지를 작업해야 할 때는 위와 같이 여러 개의 대지를 차곡차곡 순서대로 화면에 띄워두고, 대지의 이름을 헷갈리지 않게 정리하여 사용하면 무척이나 유용합니다.

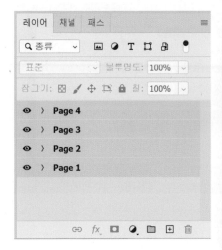

내보내기로 대지 여러 장을
한 번에 저장하기

01 [PNG으(로) 빠른 내보내기]

대지로 제작된 여러 이미지를 한 번에 저장하는 방법을
살펴보겠습니다. 상단 메뉴의 [파일] > [내보내기]의 하
위 메뉴를 사용합니다.
[PNG으(로) 빠른 내보내기]를 활용하면 특정 폴더를 선
택하여, 해당 폴더에 대지 이미지들을 PNG 파일로 한꺼
번에 저장할 수 있습니다. 세부적인 해상도나 용량 조절
은 불가능합니다.

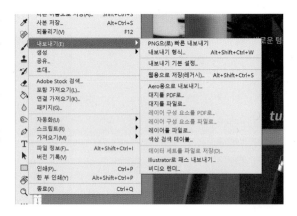

02 [내보내기 형식]

[내보내기 형식]을 선택하면 출력되는 이미지의 상세한 정보를 더 자세히 설정할 수 있습니다. 이미지의 크기나 투
명도는 물론, 다양한 확장자로 이미지를 저장할 수 있습니다.

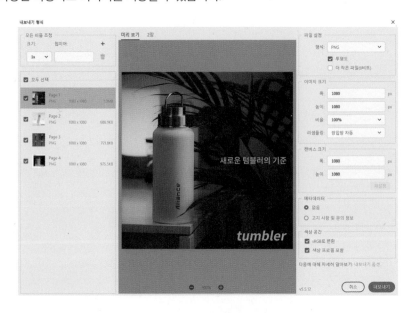

03 [대지를 파일로]

[대지를 파일로]는 출력의 자유도가 높지는 않습니다만, 대지를 PSD 파일로 내보낼 수 있다는 점이 가장 큰 장점입니다. 클라이언트가 PSD 포맷 파일을 요청하는 등의 상황에서 유용합니다.

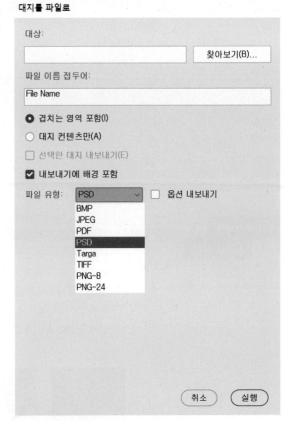

이상으로 여러 개의 대지를 활용한 디자인 기법 설명을 마치겠습니다.

Designer's Comment!

이번 Chapter에서는 대지를 활용한 디자인 작업 방식을 배워봤습니다. 대지를 적극적으로 활용하면 한 번에 여러 개의 이미지를 살펴보며 작업을 할 수 있으므로 전체적인 색감이나 구도의 밸런스를 잡기 용이합니다.

만약 SNS용 컷툰 등을 제작한다면 한 번에 전체적인 스토리를 살펴보며 작업을 진행할 수도 있으므로 웹툰 작가들이 애용하는 방법이기도 합니다.

어도비 일러스트레이터의 경우 기본적으로 모든 디자인 작업이 대지 위에서 수행되므로, 이번에 대지에 대한 개념을 잘 익혀 두면 추후 일러스트레이터를 공부할 때 더욱 수월할 것입니다.

Client's Quest!

안녕하세요! 또 뵙네요!
판촉용 텀블러 광고를 만들어주신 덕분에 대박이 났어요! 대박이요! 정말 감사드려요!
덕분에 이번 기회에 기업용 판촉물뿐만 아니라, 개인 고객들을 위한 텀블러 온라인 판매를 개시하려고 합니다.
아무래도 SNS에서 광고를 하는 편이 젊은 사람들의 이목을 빠르게 끌 수 있을 것 같은데요, SNS 광고용 썸네일을 만들어주시겠어요?

▲ Before

이 텀블러가 이렇게 대박이 날 줄은 몰랐는데, 신기하네요. 이왕 이렇게 된 거, 조금 더 열심히 해서 클라이언트에게 더 큰 대박을 선사해주자고요! 전에 받아온 텀블러를 오늘도 챙겨왔는데요, 꽤나 편리한 것도 사실이고요. 좋은 제품이 좋은 첫인상으로 많은 사람에게 전달될 수 있도록 한번 최선을 다해보자고요!

▲ After

예시로는 2개의 대지를 사용한 SNS 광고물이 소개되고 있습니다.
이 2개뿐만 아니라, 손에 들고 있는 텀블러의 색상을 변경하여 다
양한 형태의 텀블러 제품의 광고물까지 한번 제작해보기 바랍니다.

현실의 배경에 제품 이미지 합성

학습 목표

1. 현실의 배경 위에 자연스럽게 사물을 합성하는 방법을 배워본다.
2. PSD 파일의 레이어를 다른 작업 공간으로 불러오는 방법을 배워본다.

Contents   <제15장 현실의 배경에 제품 이미지 합성> 폴더를
열어주세요.
BG_1.jpg, BG_1.psd, BG_2.jpg, BG_2.psd

Source   BG_1.jpg, BG_2.jpg, 텀블러_색.psd, 텀블러.jpg

Extra   배경.jpg, 완성.jpg, 완성.psd

현실 세계의 사물 위에 합성하는 방법을 왜 배워야 할까?

오른쪽 사진을 유심히 살펴보기 바랍니다. 혹시 스마트폰 화면이나 상단의 스피커 구역이 지나치게 또렷하게 보여 위화감이 들지 않나요? 게다가 카메라의 초점은 핸들 바로 옆의 대시보드 커버 가죽 부분에 맞혀 있습니다만, 그보다 훨씬 후방에 있을 스마트폰에 초점이 또렷하게 맞혀 있는 것도 어색합니다.

이 사진을 어색한 합성 결과물이라 생각하고 바라보면 그 외의 다른 허점들도 함께 눈에 들어옵니다. 이를테면 전면 유리창에 부착되었을 스마트폰 거치대의 팔이 지나치게 길어 보인다는 점이라던가,
사진에 비친 사물들에 떨어지는 빛의 각도가 미묘하게 어긋난다거나요.

스마트폰의 기종도 옛날 것이고, 오래전 만들어진 이미지가 더 이상 효용성을 다해 저작권 없이 풀려 나온 사진 같습니다. 합성의 퀄리티를 떠나, 이런 종류의 합성 사진이 제작되고 있다는 사실 자체에 주목해보겠습니다.

여러분이 스마트폰 거치대 제작사를 운영하는 사장님이 되었다고 생각해보세요. 제품이 어느 차종에서나 자연스럽게 작동할 수 있음을 사진으로 보여줄 수 있으면 더 많은 고객에게 매력을 어필할 수 있겠지요?

하지만 사진을 찍기 위해 다양한 종류의 자동차를 렌트하고, 사진 기사를 섭외하여 사진을 촬영한다면 무척이나 큰 비용이 발생할 것입니다. 이럴 때 합성 기법을 사용하면 비용을 거의 90% 이상 절감하면서도 더 다채로운 이미지를 만들어 상업적으로 활용할 수 있습니다.

이처럼 현실 세계의 배경 위에 새로운 사물을 합성하는 기법은 포토샵으로 할 수 있는 일 중에서 가장 시장 수요가 큰 작업이라 할 수 있겠습니다. 실질적으로 돈이 오가는 현장에서 수요가 발생하기 때문이에요.

따라서 우리는 지금까지 배운 기법들을 활용해 더 자연스럽게 현실 세계의 배경 위에 물체를 합성하는 방법을 연습해보겠습니다.

다른 PSD 파일에서 누끼 레이어 가져와 합성하기

01 실습 준비

<Source> 폴더에 있는 'BG_1.jpg' 파일과 '텀블러_색.psd' 파일을 각각 포토샵에서 열어 주세요.

▲ BG_1.jpg

▲ 텀블러_색.psd

지금까지 작업했던 방식처럼 1개의 작업공간 위로 다른 이미지를 드래그하여 불러오는 것이 아니라, 아래 사진처럼 동시에 2개의 탭이 각기 열려 있어야 합니다.

02 텀블러 누끼를 복제하기

'텀블러_색.psd' 파일의 레이어 패널에서 텀블러의 누끼 레이어를 찾아주세요. '텀블러'라는 이름의 레이어로 표시되고 있을 것입니다. 이 레이어를 마우스 오른쪽 버튼으로 클릭하고 [레이어 복제] 메뉴를 선택합니다.

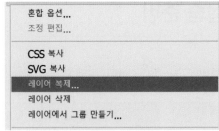

[레이어 복제] 창에서 [대상] > [문서] 탭을 살펴보세요. 선택 창 우측의 ∨ 버튼을 클릭하면 현재 포토샵에서 실행 중인 문서 파일의 목록이 표시됩니다. 이 중에서 [BG_1.jpg] 파일을 선택하고 [확인] 버튼을 눌러 주세요.

짠! 텀블러 누끼 레이어가 무사히 'BG_1.jpg' 파일 위로 배달되었습니다!

01   텀블러의 위치와 크기 조정

[자유 변형]을 활용해 텀블러 병의 위치와 크기, 그리고 각도를 조절하여 원래 놓여 있던 음료수 병을 가려주세요.

02   기둥으로 텀블러 몸통 일부 가리기

원본 음료수 병은 기둥에 의해 우측이 가려져 있습니다. 텀블러의 우측면도 기둥 뒤로 넘어가 가려지는 것이 자연스
럽겠지요? 마스크 기능을 활용해 텀블러를 가려보겠습니다.

[다각형 올가미 도구 Shift + L + L] ⟋ 를 사용해 기둥으로 가려지지 않은 부분의 텀블러 몸통을 영역으로 설정합
니다. 그리고 레이어 패널 하단의 [레이어 마스크] 버튼을 눌러주세요. 선택 영역만 살아남고 나머지 영역이 모두 지
워집니다. 결과적으로 기둥 뒤로 가려지는 부분을 화면에서 지워낼 수 있습니다.

03   그림자 그려 넣기

[닷지 도구 O] 🔍 와 [번 도구 Shift+O+O] 👁 를 사용하여 텀블러와 기둥이 맞닿는 부분에 그림자를 넣어주세요. 현재 배경에서 빛의 방향은 우측 상단에서 좌측 하단으로 내리꽂히고 있으므로 텀블러에 지는 그림자는 텀블러 자신의 그림자가 아니라 기둥의 그림자입니다.

이 점을 신경 쓰면서 그림자를 그려 넣어주세요. 그리고 [닷지 도구]로 좌측 하단 기둥 표면에서 반사되는 빛을 고려해 약간만 밝게 칠합니다.

04   [포토 필터]로 붉은 기운 넣어주기

텀블러 주변에 붉은색이 많습니다. 자연스레 텀블러의 표면에 붉은 반사광이 맺히겠지요? [조정 레이어] 중 [포토 필터]를 사용해 붉은 기운을 넣어보겠습니다.

'텀블러' 레이어를 선택하고 그 위에 '포토 필터' 조정 레이어를 얹어주세요. 필터에서 색상을 [Red]로 설정하고 슬라이더를 적절히 움직이며 텀블러에 과하지 않은 붉은 빛이 맴돌도록 색감을 더합니다.

05 [흐림 효과 도구]를 활용해 텀블러 테두리 부드럽게 만들기

이번 Chapter의 맨 앞에서 살펴봤던 스마트폰 합성사진의 스크린에 표시된 내비게이션 화면을 떠올려보세요. 지나치게 주변과 분리되어 또렷하게 표현되어 오히려 합성 티가 많이 났지요? 새롭게 합성해 넣은 물체가 주변 사물과 너무 또렷하게 구분되면 자연스럽지 못합니다.

텀블러가 더 자연스럽게 배경에 녹아들도록 [흐림 효과 도구] ◊ 를 사용하여 텀블러의 외각부를 조금 부드럽게 만들어보겠습니다.

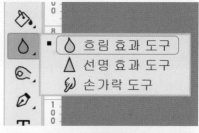

너무 과하지 않게, 특히 기둥과 맞닿지 않은 좌측면을 신경 써서 부드럽게 다듬어주세요.

이상으로 첫 번째 합성물 완성입니다! 원래 음료수 병이 놓여 있던 자리 위에 그대로 텀블러를 합성한 덕분에 음료수 병의 그림자를 자연스럽게 재활용할 수 있었습니다! 이처럼 기존에 화면에 이미 존재하던 물체의 그림자를 재활용하면 우리가 새로 그려 넣는 것에 비해 훨씬 자연스러운 합성 결과물을 만들 수 있습니다.

01   실습 준비

이번에는 <Source> 폴더 안에 있는 '텀블러.jpg' 파일과 'BG_2.jpg' 파일을 합성해보겠습니다. 그런데 '텀블러.jpg' 파일의 경우에는 잎사귀가 텀블러의 몸통 일부를 가리고 있습니다. 이 잎사귀를 지우는 실습을 해볼 것입니다.

그리고 'BG_2.jpg'에서는 아예 음료수 병 일부를 지워버리고 그 자리 위에 텀블러를 얹어볼 것입니다. 이번 실습을 통해 화면에 보이는 물체를 자연스럽게 지우고 없애는 방법을 연습해보겠습니다.

▲ 텀블러.jpg   ▲ BG_2.jpg

02   텀블러 배치

먼저 'BG_2.jpg' 위로 '텀블러.jpg' 파일을 불러온 다음, 텀블러의 누끼를 따고 음료수 병이 있던 위치에 적당히 배치해봅니다. 음료수 병의 하단 잎사귀 무늬도 지워야 하지만, 역시 상단에 튀어나온 기존 음료수 병의 윤곽도 눈에 크게 거슬립니다.

03 [칠] 기능을 활용해 잎사귀 지우기

잎사귀를 지우는 여러 가지 방법이 떠오를 것입니다. [브러시 도구]로 지우는 방법도 있겠고, [스팟 복구 브러시 도구]를 사용하는 방법도 있지요. 이번에는 [칠] 기능을 활용해 잎사귀를 지워 보겠습니다.

[칠] 기능은 선택 영역 내부의 이미지를 지우고, 선택 영역 주변 바깥쪽의 픽셀 정보를 참고하여 선택 영역 내부를 자동으로 채워주는 기능입니다. [스팟 복구 브러시 도구]와 작동 원리 자체는 비슷하지요?

먼저 잎사귀를 포함할 수 있도록 넉넉하게 영역을 선택해줍니다.

이어 상단 메뉴바에서 [편집] > [칠 Shift +F5]을 선택합니다. [칠] 창이 팝업됩니다. [내용]을 [내용 인식]으로 설정하고 [확인] 버튼을 누릅니다.

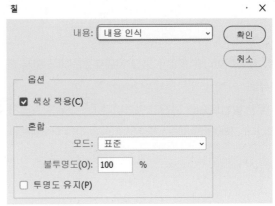

일차적으로, 잎사귀의 모양이 어느 정도 지워진 것을 확인할 수 있습니다. 하지만 조금 얼룩이 진 것 같기도 하네요. 자연스러운 연출을 위해 [브러시 도구 ⒝] ✎ 로 얼룩 위를 연하게 칠해주겠습니다.

우선 ⒜키를 누른 채로 얼룩 주위의 픽셀을 클릭하여 주변 색을 인식시키고, 불투명도를 '20' 정도로 설정하여 연하게 채색되도록 합니다.

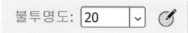

그리고 이어서 얼룩 위를 부드럽게 칠해줍니다. 우측이 원본이고, 좌측이 브러시로 얼룩 위를 문지른 뒤의 모습입니다. 자연스럽게 얼룩이 사라졌지요?

04 [복제 도장 도구]를 활용해 음료수 병 윗부분 지워주기

자, 이번에는 병 위로 튀어나온 음료수 병을 지워주겠습니다. 먼저 레이어 패널에서 '텀블러' 레이어를 잠시 [숨김] 으로 설정해주세요.

음료수 병을 지우는 방법도 여러 가지가 있습니다. [스팟 복구 브러시 도구]나 [칠] 기능으로도 작업을 수행하는 것이 가능할 것입니다. 그래도 이번에는 새로운 기능을 하나 더 배워봅시다.

이번에는 [복제 도장 도구]를 사용하겠습니다. [복제 도장 도구]는 특정 구역의 이미지를 미리 복사해뒀다가, 마치 도장을 찍듯이 우리가 원하는 위치에 이미지를 붙여넣을 수 있는 도구입니다.

[복제 도장 도구]로 쿠션의 매끈한 면을 복사하고, 음료수 병이 있는 위치를 도장을 찍듯이 쿵쿵 찍어버리면 음료수 병이 있던 자리가 쿠션 질감으로 채워지며 지워지겠지요?

먼저 [복제 도장 도구]의 사용법부터 익숙해져 봅시다. [복제 도장 도구 S]] 🔳를 활성화하면 화면에 동그란 브러시 영역이 표시됩니다. 마우스 오른쪽 버튼을 클릭하여 영역의 크기를 적당히 키워서 음료수 병의 상단 영역이 넉넉하게 들어가도록 만들어보세요.

이 상태에서 Alt키를 누른 채로 음료수 병의 상단부를 클릭해보세요. 브러시 영역이 있던 자리가 복사되었습니다. 그리고 Alt키를 뗀 채로 주변 영역을 클릭해보기 바랍니다. 클릭할 때마다 마치 도장으로 찍어내듯이 음료수 병의 상단부가 주변에 나타납니다.

적당히 연습해보았다면 단축키 Ctrl+Z를 눌러 복제한 이미지들을 모두 지워주세요.

이제 주변 쿠션 이미지를 Alt를 누른 상태에서 클릭하여 복제한 뒤, 음료수 병의 상단부에 도장을 쿵쿵 찍어 음료수 병을 지워냅니다. 텀블러 누끼로 가려질 크기만큼만 지우면 충분합니다.

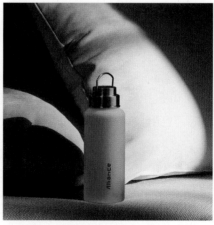

---

1   맥OS에서는 Command + Z

01 [닷지 도구], [번 도구], [노출]을 이용한 명암 조절

먼저 [닷지 도구 ⊙] 🔍와 [번 도구 Shift + ⊙ + ⊙] ✋로 텀블러에 빛
과 그림자를 그려 넣습니다.

그리고 '텀블러' 레이어를 대상으로 '노출' 조정 레이어를 실행하여 노출
과 감마값을 조금씩 수정해 자연스럽고 부드러운 명암을 연출합니다.

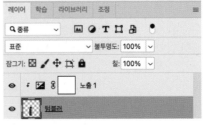

02 [포토 필터]를 활용한 색감 조절

주변 사물이 따뜻한 색감을 받고 있으므로, '포토 필터' 조정 레이어를 추가해 텀블러에도 난색 계열의 색감을 입혀
자연스러운 주변광과 반사광을 연출합니다.

이것이 바로 상업용 시각디자인?

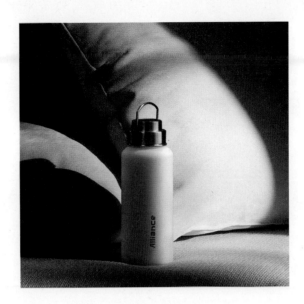

03 [명도/대비]와 [흐림 도구]를 활용해 마무리 터치

쿠션이 매우 밝게 표현되고 있으므로,
쿠션에 떨어지는 빛이 비교적 강할 것
으로 추측해볼 수 있겠습니다. 동일한
빛이 텀블러에도 비추고 있으므로 텀
블러의 표면에 맺힌 빛을 조금 더 강
해 보이게 수정하겠습니다. '텀블러'
레이어 위에 '명도/대비' 조정 레이어
를 추가하고 [명도]와 [대비]를 조금
씩 높여주세요.

그리고 이어서 [흐림 도구]로 텀블러의 윤곽 부분을 조금
흐리게 만들면 작업이 끝납니다.

짠! 무척이나 그럴싸한 디자인이 완성되었습니다!

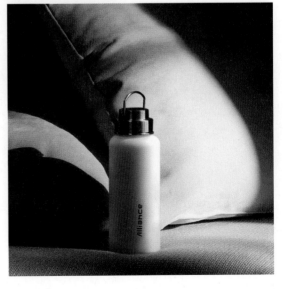

Designer's Comment!

이번 Chapter에서는 현실 세계의 사물 위에 새로운 이미지를 삽입해 합성하는 방법을 연습해봤습니다. 특히 이미 존재하는 음료수 병 위에 비슷하게 생긴 물체인 텀블러를 합성하여, 기존에 존재하던 그림자를 그대로 활용해봤습니다. 또한 [칠]이나 [복제 도장]과 같이 굉장히 자주 사용되면서도 여러분의 작업 시간을 줄여줄 유용한 기능들을 살펴봤는데요, 이런 기능들에 익숙해진다면 향후 여러분들의 디자인 작업에 무척이나 도움이 될 것입니다.
특히 [복제 도장]은 끝없이 이어지는 보도 블록 등 반복되는 형태를 그려 넣을 때 굉장히 유용하여, 웹툰 작가들이 애용하는 기능이기도 합니다.

Client's Quest!

안녕하세요! 또 찾아왔어요!
SNS 광고 덕분에 개인 소비자들에게도 호평을 받으며 텀블러 판매량이 점점 증가하고 있습니다! 이제 슬슬 오프라인 광고로도 넘어가보려고 해요.
버스 정류장 광고판에 게시할 광고물 제작을 부탁드립니다. 여기 난간 위에 있는 음료수 병을 검은색 텀블러로 교체해주세요!

▲ Before

▲ After

고객사의 성공에 우리가 큰 도움이 되고 있다는 느낌이 들어 무척이나 뿌듯하네요. 이번에도 우리한테 의뢰가 들어온 것은 모두 제가 영업을 잘 뛰었기 때문이 아닐까요? 아니 왜 그런 눈으로 쳐다보세요. 아야, 아프다. 눈빛으로 때리시네.
클라이언트한테 받은 자료는 <Extra> 폴더에 넣어뒀습니다. 이거 작업하면 퇴근하셔도 돼요!

합성 자체는 이번 Chapter에서 배운 기법을 활용하면 무난하게 처리할 수 있을 것입니다. 연습 삼아 배웠던 기법을 마음껏 발휘해보기 바랍니다. 굳이 신경 쓸 부분이라면 텀블러를 검은색으로 염색하는 것 정도겠네요.

이번 의뢰는 인쇄용 디자인 작업이므로 색상 모드를 CMYK로 설정해야 한다는 점을 꼭 명심하고 작업을 진행해주세요.

제품 판매용 광고 콘텐츠 제작

Chapter

16

학습 목표

1.   제작한 이미지로 상세 콘텐츠를 제작하는 방법을 배워본다.
2.   텍스트와 이미지의 균형을 바라보는 시각을 배워본다.

심플한 디자인

—

어느 곳에서도 어울리는
심플한 디자인의 텀블러

Contents	<제16장 제품 판매용 광고 콘텐츠 제작> 폴더를 열어주세요. 상세_1.jpg, 상세_1.psd, 상세_2.jpg, 상세_2.psd, 상세_3.jpg, 상세_3.psd
Source	텀블러_색.psd, 1.jpg, 2.jpg, 3.jpg
Extra	1.jpg, 2.jpg, 예제.jpg, 예제.psd

여러 색상의 텀블러 정렬해 콘텐츠 만들기

01 실습 준비

이번 시간에는 형형색색의 텀블러 시안을 한눈에 보여주는 광고용 페이지를 만들어 보겠습니다. 먼저 포토샵을 실행하여 1920×1080픽셀 크기의 텅 빈 이미지를 하나 만들어주세요. 그리고 <Source> 폴더에 있는 '텀블러_색.psd' 파일을 실행합니다.

이어 레이어 패널을 살펴보면 다양한 색상의 텀블러 이미지가 저장된 것을 확인할 수 있습니다.

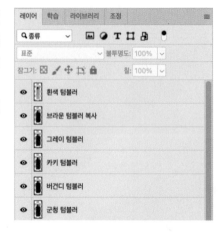

이 레이어들을 하나씩 복제하여 앞서 만든 1920×1080픽셀 크기의 빈 공간 위로 올려 주세요.

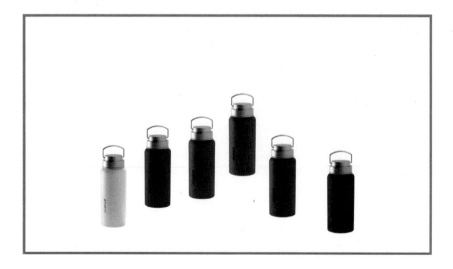

02 이미지를 동일 간격으로 배치하기

6개의 텀블러를 눈대중으로 배치하는 방법도 있겠습니다만, 이렇게 배치하면 정확한 간격 배분이 힘들 것입니다. 다행히 포토샵에서는 여러 개의 이미지를 동일한 간격으로 배치해주는 기능이 있습니다.

레이어 패널에서 이미지를 모두 선택하면 화면의 상단이나 오른쪽에 [맞춤] 관련 패널이 나옵니다. 패널의 아이콘을 유심히 살펴보세요. 가로선이나 세로선은 기준선을 의미하고, 검은색 사각형은 물체를 의미합니다.

텀블러가 상하로 일정하게 정렬될 수 있도록 [맞춤]의 5번째 아이콘인 [상하 가운데 징렬]을 클릭하고, 이어서 [분포 간격]에서 오브젝트가 가로로 일정한 간격으로 정렬될 수 있도록 두 번째 아이콘을 클릭합니다.

짠! 텀블러들이 등간격으로 한 줄로 배치되었습니다!
이외에도 여러 버튼을 눌러보며 각 버튼의 기능을 이해하고 넘어오기 바랍니다.

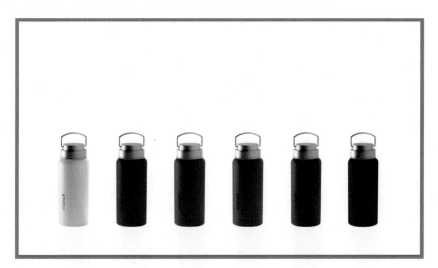

색상 배치를 다르게 하고 싶다면 아래와 같이 드래그 앤 드롭으로 순서를 수정한 뒤 정렬하면 그 순서대로 깔끔하게 정돈됩니다.

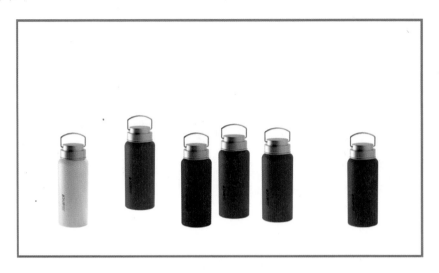

03 텍스트 추가하기

가장 왼쪽 병의 왼쪽 측면, 그리고 가장 오른쪽 병의 오른쪽 측면을 기준으로 안내선을 띄웠습니다. 그리고 그 선에 맞추어 글자와 장식용 선을 배치했습니다. 이처럼 글자나 장식용 디자인이 텀블러와 같은 범위 내에서 표현되면 더욱 안정감 있고 균형감 잡힌 디자인이 만들어집니다.

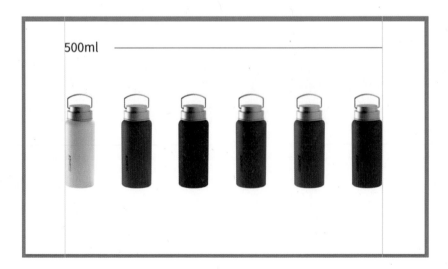

이어 병 하단에 원을 만들고, Alt 키를 누른 채로 클릭하여 텀블러의 색을 따서 원 안에 채워 넣겠습니다. 그리고 그 아래에 색상 명칭을 기재합니다

원과 글자를 함께 선택한 뒤, Alt 키를 누른 채로 오른쪽으로 드래그하면 원이 복제됩니다. 이렇게 5개의 색상 명칭을 더 복제하여 각각의 병 아래에 배치합니다.

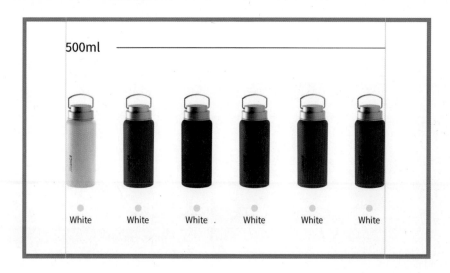

04   색상 정보 바꾸기

나머지 원의 내용물도 텀블러의 색으로 채색하고, 하단의 글자 내용을 수정하면 디자인 작업이 모두 끝납니다!

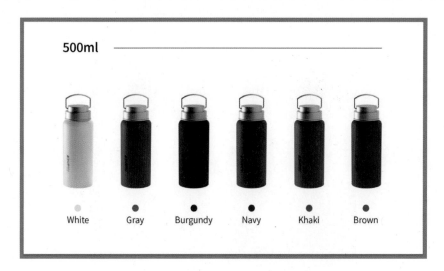

글자가 더 부각되도록 텍스트를 입력하기

이미지 위에 색상 레이어를 얹고, 그 위에 글자를 추가하면 글자를 더욱 부각할 수 있습니다. 색상 레이어의 불투명도를 낮추면 크게 눈에 거슬리지 않는 디자인을 연출할 수 있고요. 그리고 강조하고 싶은 글자 아래에 간단한 선이나 점 등을 찍어 시선을 더 오래 머물도록 유도할 수도 있습니다.

어떤가요? 이케아에서 볼 수 있을법한 광고물 디자인 스타일이 만들어졌지요?

01   그리드 안내선 레이아웃 생성

여러 이미지를 배치할 때 눈대중으로 이미지를 배치하기보다는 그리드 형태의 안내선을 사용하면 더욱 편리합니다. 먼저 실습을 위해 1080×2110픽셀 크기의 새 문서를 만들어주세요.

상단 메뉴 바에서 [보기 > 새 안내선 레이아웃]을 선택해 문서 위에 안내선을 표시합니다. [열]은 6칸으로, [행]은 2칸으로 만들겠습니다.

업계 용어 사전 | 그리드

그리드(grid)는 격자무늬를 의미합니다. 디자인 분야에서는 바둑판처럼 가로세로로 공간을 분할하여 콘텐츠를 삽입하는 기법을 의미하기도 하지요.

특히 웹 디자인이나 앱 디자인에서 정말 자주 사용하는 용어입니다. 웹이나 앱 환경에서는 가로세로로 공간을 분할하여 정보를 차례대로 전달할 일이 굉장히 많기 때문입니다.

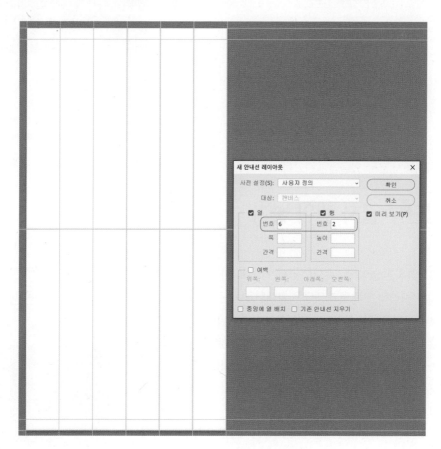

02　이미지 배치하기

<Source> 폴더에 있는 '2.jpg'와 '3.jpg'를 불러와 문서 위로 배치합니다. 그리드를 참고하여 이미지가 화면 좌우 폭의 6/5를 차지하고, 1/6만큼은 여백이 되도록 크기를 조절하겠습니다.

그리고 이왕이면 이미지를 영상의 중앙에 배치하여 가운데에서 시선을 모으고, 위아래의 빈 공간에는 글자를 배치할 공간을 남기겠습니다.

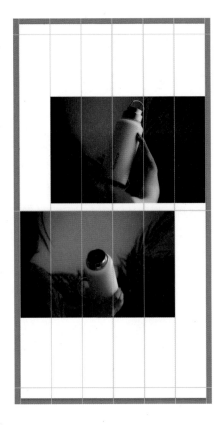

03　상단부 글자 채워 넣기

안내선을 참고하여 사진 영역 바깥쪽으로 글자가 빠져나가지 않도록 글자를 배치합니다. 사진의 왼쪽 끝과 맞닿은 안내선을 기준으로 글자를 왼쪽 정렬로 처리하여 왼쪽에 무게가 실리도록 만들겠습니다.

글자를 배치할 때는 글자가 형성하는 무게감을 고려해야 합니다.

가장 강조해야 할 문구는 굵고 크게 표현하고, 부수적인 내용은 얇고 작은 폰트로 배치합니다. 그리고 항목 번호는 제목과 대비되도록 작고 얇게 표현합니다.

글자 배치가 끝났다면 제목을 더 부각할 수 있도록 장식적인 요소로 가로선을 삽입하고 마무리하겠습니다.

04   하단부 글자 삽입

상단부와 마찬가지로 안내선을 참고하여 글자가 사진이 있는 영역을 벗어나지 못하도록 배치합니다. 사진의 우측 선과 맞닿은 안내선을 기준으로 글자를 오른쪽 정렬로 배치합니다.

짠! 제품 판매를 위한 스크롤 이미지가 완성되었습니다!

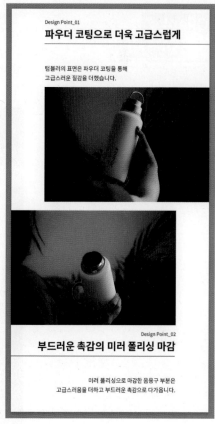

Designer's Comment!

이번 시간에는 이미지를 정렬하는 방법과 텍스트를 삽입하는 여러 가지 기법들을 살펴봤습니다.

이미지와 텍스트는 단독으로 혼자서 존재하는 것이 아니라, 서로 함께 화면을 구성하는 요소입니다. 따라서 그들의 관계를 고려하는 것이 무척 중요합니다. 이번 Chapter에서 살펴본 것과 같이 그리드 안내선을 활용하면 균형 잡힌 구도로 깔끔하게 텍스트를 정리할 수 있습니다.

기본기 연습을 마친 뒤, 쿠팡이나 네이버 쇼핑 등에서 판매량이 가장 높은 상품순으로 상품을 정렬하고 상품을 클릭해보세요. 잘 나가는 상품은 어떤 스크롤 디자인을 활용하고 있는지 참고하며 여러분의 취향을 더해 예쁜 스크롤을 만들기 바랍니다.

Client's Quest!

안녕하세요! 매번 감사드립니다.
이번에는 조금 더 글자를 더해 고급스러운 이미지의 광고물을 제작해보고 싶어요. 이번에도 잘 해주실거라 믿습니다!

▲ Before

우리의 빅 파트너 텀블러 사장님께서 또 다녀가셨네요. 이제는 알아서 잘 하실 수 있으시죠? 시안 완성되면 퇴근하셔도 좋아요. 저는 고객사에 다녀올게요. 이참에 웹 페이지도 하나 만드시는 게 좋겠다고 바람을 넣어보려고요. 물론 디자인은 저희한테 맡기셔야 한다고 이야기할 거예요!

Designer's Advise!

이미지를 일부 구간에만 삽입하고 나머지는 적절한 톤의 배경을 삽입한 뒤, 그 위에 하얀 글자를 얹어보기 바랍니다. 어찌 보면 가장 간편하게 글자를 부각시키면서도 그럴싸한 느낌을 줄 수 있는 기법이니까요.

이 외에도 여러분들의 감각에 따라 글자를 더욱 잘 표현할 수 있는 방법이 있는지 고민해보기 바랍니다.

엽서와 인쇄 예시 목업 제작하기

Chapter

17

학습 목표

1. 인쇄용 디자인 제작 요령을 익혀본다.
2. 목업을 사용해 실제 제품화된 디자인의 모습을 미리 살펴본다.

Red Sunset: Memories of the Sea

sunset

Contents	<제17장 엽서와 인쇄 예시 목업 제작하기> 폴더를 열어주세요. 엽서_1.jpg, 엽서_2.jpg, 엽서.psd, 엽서 목업.jpg, 엽서 목업.psd
Source	노을.jpg, 배경.jpg
Extra	시트러스.jpg, 엽서.jpg, 엽서.psd, 엽서 삽입.jpg, 엽서 삽입.psd

인쇄용 디자인은 또 다릅니다!

01 인쇄용 디자인이 다른 이유

웹페이지나 앱용 디자인은 사용자의 모니터나 스마트폰 화면에서 구현되며, RGB 색상의 값을 전달받아 기계가 밝기와 색상을 표현합니다.

따라서 사용자의 디스플레이 액정 화면이 누렇게 변색된 상태라거나, 특이한 종류의 소자를 사용하여 색감이 이상하게 표현되는 등의 특이한 사정이 없다면 대체로 디자이너가 의도한 디자인이 그대로 사용자에게 전달되는 편입니다.

반면 인쇄물은 그렇지 않습니다. 디자이너가 아무리 공들여 색감을 뽑아내도, 인쇄소에서 사용하는 CMYK 잉크의 제조사나 브랜드에 따라 색감이 변질될 수도 있습니다. 과학적 근거가 있는지는 잘 모르겠습니다만, 인쇄기가 돌아가는 날의 습도나 온도에 따라서도 색감이 변한다고 주장하는 인쇄소 사장님도 계십니다.

그리고 디스플레이와 달리 종이는 재단을 합니다. 인쇄가 완료된 뒤 칼로 종이를 잘라서 일정한 규격의 인쇄물을 제작한다는 뜻입니다. 재단 과정에서 불필요한 여백이 생기거나 디자인의 일부가 잘려 나가기도 합니다.

이런 점들을 모두 고려해야 하므로 인쇄물용 디자인은 추가로 고려해야 할 부분이 많습니다. 지금부터 우리의 의도대로 예쁜 인쇄물을 제작하기 위해 꼭 알아야 하는 정보들을 살펴보겠습니다.

02 색감의 설정

가장 기본적이면서도 중요한 부분입니다. 인쇄물용 이미지는 CMYK 포맷으로 색상을 표현하므로, [이미지] > [모드] > [CMYK 색상]으로 색상 모드를 설정해야 합니다. 아니면 처음부터 새 문서를 만들면서 색상 모드를 CMYK로 설정해도 좋습니다.

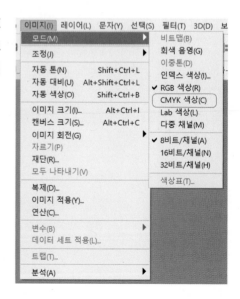

03 DPI 설정

업계 용어 사전 | DPI

DPI(Dots Per Inch)는 1인치 너비 안에 점을 몇 개나 찍을 것인지를 의미하는 단위입니다. 같은 공간 안에서 최대한 많은 개수의 점을 찍어 그림을 표현할 수 있다면 그만큼 그림의 화질이 좋아지겠죠?
다음은 검은색 원을 각기 다른 DPI에서 어떻게 표현하는지 나타낸 그림입니다. DPI가 낮을 때는 원이 매끄러운 원형으로 표시되지 않지만, DPI가 높아질수록 점점 더 매끄러운 원이 화면에 표시되고 있습니다.
웹용 디자인에서는 'PPI(Pixels Per Inch)'라는 용어를 사용합니다.

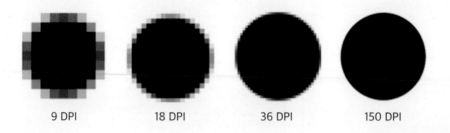

9 DPI   18 DPI   36 DPI   150 DPI

DPI 설정을 잘못하면 오른쪽과 같은 결과물이 만들어집니다. 이 사진은 모델의 얼굴에 모자이크 처리를 한 것이 아니라, DPI가 낮은 이미지를 그대로 인쇄했기에 깨진 모습을 보여주고 있습니다. 반면 하단의 글자는 테두리가 또렷한 것을 보세요. 글자 부분은 DPI가 정상적으로 설정된 것입니다.

일반적으로 종이나 현수막 등 현실 세계의 물건에 이미지를 인쇄할 때는 300dpi 이상으로 설정하는 것이 권장됩니다. 이 점을 주의해야 합니다. 그렇다면 DPI는 어떻게 계산해야 할까요?

가장 쉬운 방법은 포토샵에서 새 문서를 만들 때 작업 공간의 가로세로 길이를 픽셀 단위가 아니라 cm, mm 등 현실 세계의 길이 단위로 설정하는 것입니다. 이렇게 설정된 작업물을 나중에 [내보내기]로 저장하면서 DPI를 설정하면 우리가 의도한 화질로 인쇄물을 뽑을 수 있습니다.

혹은 1인치가 2.54cm라는 점에 착안하여 거꾸로 해상도를 계산하는 방법도 있습니다. 300dpi 기준으로 실제 인쇄물 크기 1cm마다 포토샵에서 118 픽셀을 잡아주면 됩니다.

예를 들어 가로세로 2.54cm인 정사각형 이미지를 작업하려면 300×300픽셀 크기가 필요합니다. 한쪽 변이 10cm인 사각형 이미지를 만들려면 그쪽 변에 1180 픽셀을 잡아주면 됩니다.

아니면 처음부터 엄청나게 큰 사이즈로 이미지를 제작하고, 그때그때 필요에 따라 축소해서 인쇄하는 방법도 있습니다. 다만 컴퓨터의 메모리를 대량으로 점유하기 때문에 컴퓨터의 사양에 따라 이 방법을 사용할지를 결정해야 합니다.

포토샵보다는 인디자인이나 일러스트레이터에서 더욱 많이 사용되는 벡터 그래픽 기법을 사용하면 DPI를 신경 쓰지 않아도 좋습니다. 아무리 확대하더라도 계단 형태로 깨지지 않고 매끈한 선이 만들어지기 때문입니다.

04 도련 설정

인쇄된 결과물은 그대로 사용하기도 하지만, 귀퉁이를 잘라내는 경우도 많습니다. 종이 한 장에 여러 개의 이미지를 인쇄한 다음, 그 종이를 잘라 여러 개의 인쇄물을 제작하기도 하고요.

그런데 이 재단 작업이 항상 우리가 디자인한 이미지의 테두리에 딱 맞게 진행되지는 않습니다. 인쇄기에 삽입된 종이의 위치나 각도, 그리고 인쇄 과정에서 발생한 오차, 칼날의 위치 선정 등 다양한 변수가 있기 때문입니다.

위 그림에 표시된 붉은 테두리는 칼날이 지나가는 영역을 표현하고 있습니다. 왼쪽의 경우, 우리가 제작한 이미지 바깥쪽 부분으로 칼날이 지나가면서 불필요한 흰색 여백이 인쇄물에 표현됩니다. 반면 오른쪽의 경우, 칼날이 너무 안쪽으로 지나가면서 우리가 디자인한 이미지 일부가 잘려 나가게 됩니다.

인쇄소에서 칼날이 어떻게 지나갈지는 디자이너가 전혀 관여할 수 없는 부분이므로 '이 부분은 잘려 나가도 상관없다.'라는 생각으로 항상 이미지의 네 귀퉁이에 넉넉하게 이미지를 채워 넣어야 합니다. 이처럼 종이의 재단을 염두에 두고 디자인 화면에서 남겨 두는 여유분을 '도련'이라고 부릅니다.

엽서 만들기

01 인쇄용 대지 만들기

인쇄용 디자인 파일 제작을 시작해보겠습니다! 먼저 상단 메뉴 바에서 [파일] > [새로 만들기]를 선택합니다. [새로운 문서 만들기] 창에서 상단 [인쇄] 탭을 클릭합니다. 메뉴에서 [빈 문서 사전 설정]이라는 안내와 함께 미리 제작된 템플릿 목록이 표기됩니다. 각각의 템플릿에는 가로세로 길이와 PPI가 표시되고 있습니다. 이 중 하나를 선택하여 작업해도 좋습니다.

이번에 우리는 우측의 설정 창을 활용해 가로 10cm, 세로 15cm의 엽서를 만들어 보겠습니다. 단위를 [밀리미터]로 설정하고 폭과 높이를 각각 104, 154로 설정합니다. 엽서의 상하좌우로 2mm가량을 도련으로 잡은 것입니다. 왼쪽에 2mm, 오른쪽에 2mm 여유분을 늘렸으므로 폭이 104가 되었고, 위아래에도 각각 2mm씩 여유분을 잡았으므로 높이가 154가 되었습니다. [색상 모드]는 [CMYK 색상]으로 설정합니다. 이어서 [만들기]를 누릅니다.

02   엽서 배경 이미지 불러오기

<Source> 폴더에 있는 '노을.jpg'를 불러와 크기를 조절해주세요. 현재 화면에는 도련이 표시되지 않고 있습니다. 도련 역할을 하기 위해 안내선을 추가하겠습니다.

100×150mm 크기의 사각형을 만들어 정 중앙에 배치하고, 이 사각형을 활용해 [안내선 레이아웃]을 활성화합니다. 이후 이 안내선을 도련처럼 활용하겠습니다.

03 디자인 시작!

이제 디자인 작업을 수행할 준비는 모두 끝났습니다. 여러분의 취향에 따라 엽서를 꾸며주세요! 그리고 대지를 하나 더 만들어 엽서의 뒷면도 만들어주세요.

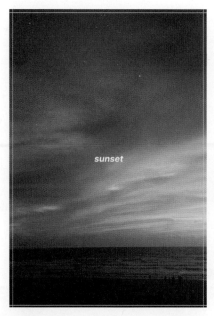 

▲ [대지 1]　　　　　　　　　　　　　　　　▲ [대지 2]

짠! 인쇄에 적합한 엽서 디자인 작업이 모두 끝났습니다!

목업 파일을 활용해 볼까요?

01 목업을 왜 사용하나요?

목업 파일은 실제로 디자인을 사물에 인쇄하기 전에 합성을 통해 느낌을 먼저 살펴보기 위해 사용하는 포토샵 파일입니다. 플레이스잇 (https://placeit.net)이라는 웹사이트를 살펴보면 목업이 무엇인지 한 눈에 살펴볼 수 있습니다.

업계 용어 사전 | 목업

목업(Mock-up)이란 실제로 제품을 제작하기 전 느낌을 먼저 살펴보기 위하여 만드는 시제품을 의미합니다. 예를 들면 실제로 자동차 신제품을 출시하기 전에 나무나 진흙을 깎아 자동차의 디자인을 미리 만들어 본다든지, 건물을 짓기 전에 모델하우스를 만들어 어떤 형태의 건축물이 만들어질지를 미리 살펴본다든지 하는 행위와 시제품이 목업에 해당합니다. 여기에서 유래하여, 현재는 실제로 애플리케이션이나 인쇄물이 제작되기 전에 어떤 느낌인지 미리 알아보기 위하여 사용하는 포토샵 파일을 의미하는 용어로 정착하였습니다.

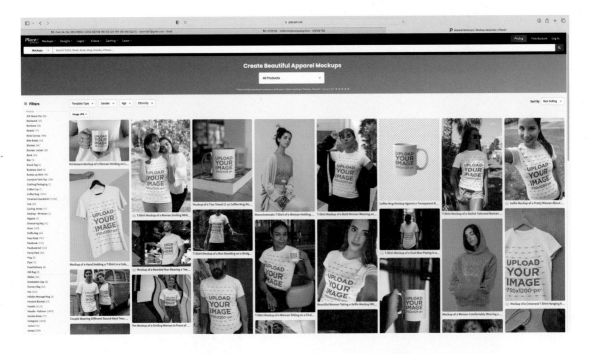

위 사진에 표시된 셔츠나 머그잔 등에는 'upload your image'라는 문구가 기재되어 있습니다. 플레이스잇에 여러분이 제작한 이미지 파일을 업로드하면, 저 모든 옷과 머그잔에 여러분의 디자인이 인쇄되었을 때 어떤 느낌으로 완성되는지를 살펴볼 수 있습니다. 이렇게 하면 시간, 비용, 인력을 굉장히 많이 절약할 수 있겠지요? 우리도 목업을 활용해 우리가 만든 엽서가 인쇄되면 어떤 느낌으로 표현될지 미리 살펴보겠습니다. 아, 목업을 직접 만들어보기도 할 거예요.

02 배경 준비

엽서의 목업을 제작하기 위해 엽서가 놓여 있는 적당한
이미지를 찾아야 합니다.
<Source> 폴더의 '배경.jpg'를 사용해도 좋고, 더 나은
이미지가 있다면 그 이미지를 찾아 사용해도 좋습니다.
이미지를 포토샵에서 열어주세요.

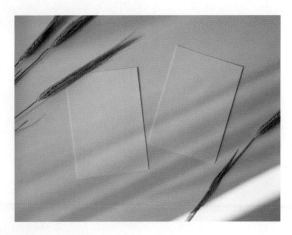

03 엽서 [고급 개체]로 불러오기

이어 우리가 만든 엽서의 JPG 파일을 작업 환경 위로 불러옵니다. 포토샵 작업 환경 위로 새로운 이미지를 불러오면
[고급 개체]로 불러와지는 것을 기억하지요? 평소에는 고급 개체를 래스터화해서 편집을 진행했지만 이번에는 고급
개체만의 특별한 기능을 사용하겠습니다.
레이어 패널에서 고급 개체의 썸네일을 더블 클릭해주세요.

고급 개체를 편집할 수 있는 특별한 창이 떠오릅니다. 이 창 위에서 고급 개체 위에 편집을 수행한 후 저장하면 이전에 작업하던 파일 위로 수정사항이 반영됩니다.

예를 들어 고급 개체 위에 동그라미를 그린 뒤 저장하면, 이전에 작업하던 파일 위에도 동그라미가 적용됩니다. 이처럼 고급 개체를 수정하면 연결된 이미지가 함께 수정된다는 특성을 활용해 목업을 제작하겠습니다. 자, 다시 동그라미를 지우고 돌아옵시다.

04 엽서 자유 변형하기

엽서 레이어를 클릭한 뒤 [자유 변형]으로 엽서의 모서리를 배경의 엽서 모서리에 맞춰 봅니다. 불투명도를 낮추고 작업하면 위치를 잡기가 훨씬 쉽습니다. 나중에 마스크 작업을 진행해 크기를 딱 맞출 것이므로 조금 넉넉한 크기로 배치해도 좋습니다.

05 배경의 엽서 위로 클리핑 마스크 적용하기

배치가 끝났다면 잠시 엽서 레이어를 숨겨줍니다. 그리고 바닥면에 놓여 있던 엽서의 누끼를 따서 선택 영역으로 지정하고, 엽서 이미지를 클리핑 마스크로 내려줍니다. 이 과정에서 엽서 누끼의 바깥쪽으로 삐져나갔던 이미지가 화면에서 사라집니다.

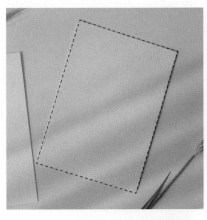

06   [혼합 모드]로 자연스럽게 합성하기

엽서의 위치 배치가 끝났으므로 이제는 주변 사물과 잘 녹아들도록 보정할 차례입니다. [혼합 모드]의 [곱하기]를 사용해 기존 배경의 그림자 음영이 자연스럽게 엽서 이미지 위로 섞여들도록 합니다. 클리핑 마스크 위에만 적용해야합니다. 엽서 종이의 질감까지도 느껴지기 시작하네요.

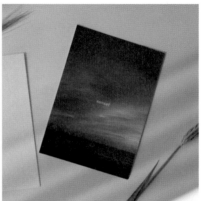

07   [색조/채도] 조절로 자연스러운 합성 마무리

'색조/채도' 조정 레이어를 활용해 색감도 조절해 마무리합니다. 현재 레이어 패널은 아래 그림과 같습니다.

08 엽서 뒷면 처리

동일한 요령으로 엽서의 뒷면을 왼쪽 엽서 위로 합성합니다.

 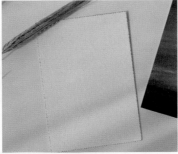 

이로서 목업 완성입니다!

목업 이미지 교체하기

앞서 목업은 인쇄 전의 미리보기 용도이기도 하지만, 우리가 제작한 이미지를 그때그때 삽입하여 편하게 결과물을 살펴볼 수 있는 도구이기도 하다고 설명했습니다. 지금부터 엽서 목업에서, 화면에 표시된 엽서 내용물을 편하게 바꾸는 방법을 살펴보겠습니다.

먼저 목업 파일의 레이어 패널에서 엽서 앞면 이미지의 고급 개체 레이어를 찾아 더블 클릭합니다.

그러면 아래처럼 엽서 이미지의 고급 개체 수정을 위한 창이 펼쳐집니다.

이 위로 새로운 엽서 이미지를 삽입하고, 모든 레이어를 선택하여 단축키 Ctrl+E¹를 눌러 모든 레이어를 하나로 병합합니다. 이어서 Ctrl+S²를 눌러 저장합니다. 이때 목업 제작에 사용된 원본 이미지가 변경되는 것이 아니라 PSD 파일 안에 복제되어 병합된 파일이 수정되는 것이므로 원본이 훼손될까 염려할 필요는 없습니다.

저장을 완료하는 즉시 목업 파일에서 엽서의 이미지가 교체됩니다.

인터넷에서 다운로드한 목업에서 이미지를 교체할 때도 위와 같은 방법을 사용하면 됩니다.

---

1   맥OS에서는 Command+E
2   맥OS에서는 Command+S

인쇄용 파일을 제작할 때의 주의사항과 목업을 만드는 방법에 대해 간단히 배워봤습니다.

단골 인쇄소가 있다면 그곳 사장님의 조언을 받아 이미지를 보정하는 것이 가장 좋습니다만, 온라인으로 인쇄를 맡기거나 클라이언트에게 인쇄용 디자인을 납품해야 하는 경우 인쇄를 감리하는 것이 불가능하므로 디자인 단계에서 최대한 인쇄 결과물을 고려하며 작업하는 것이 중요합니다.

목업 파일을 제작하고 활용하는 방법도 간략히 살펴봤습니다. 잘 만든 목업은 돈을 내면서도 구매하려는 사람이 많으므로, 여러분들이 제작한 목업을 온라인으로 판매해보는 것도 좋은 방법입니다. 셔터스톡(https://www.shutterstock.com), 프리픽(https://www.freepik.com) 등 이미지 판매 사이트에 여러분이 만든 목업을 업로드해보세요!

물론 인터넷에서 잘 만들어진 목업을 빠르게 검색하고 다운로드하여 여러분의 디자인에 활용하는 것도 여러분의 작업에 큰 도움이 될 것입니다!

안녕하세요!
저는 제주도의 관광 상품을 기획하고 있는 김xx 주무관입니다.
이번에 제주도의 특산물인 시트러스 계열 과일의 이미지를 살린 예쁜 엽서를 제작해보려고 하는데요, 혹시 엽서의 디자인 시안을 제작해주실 수 있으신가요?
이왕이면 엽서가 인쇄되었을 때 어떤 느낌인지도 미리 볼 수 있으면 좋겠어요!

오호라, 이제 우리 디자인 사무소가 민간을 넘어 공공기관과도 연을 트게 되었군요. 클라이언트가 제공해준 시트러스 사진은 <Extra> 폴더에 넣어놨어요.
제주도라? 클라이언트 미팅을 핑계로 훌쩍 다녀오고 싶어요. 바다도 보고 한라산도 보고. 재미있겠죠? 혹시… 저랑 같이… 다녀오시면…? 아, 아니에요. 얼른 작업 마무리해주세요. 후, 왜 이렇게 덥죠?

Designer's Advise!

인쇄물 디자인 시안임에 주의하며 도련과 CMYK 색상 설정을 놓치지 않아야 합니다. 엽서는 앞면과 뒷면의 디자인이 비슷하면서도 각기 다른 형태로 구현되기에 좋은 디자인 대상입니다. 시트러스의 색상도 고려해 상큼한 느낌의 디자인을 만들어보세요.

다 만들어진 엽서 이미지는 앞서 제작한 목업을 활용해 바로 인쇄 시의 느낌을 살펴보면 좋겠네요.

4

일상의 즐거움에 MSG를
더하는 합성 기법

추억 속 그녀를
지워주세요

Chapter

18

학습 목표

1. 앞서 배운 기능을 활용해 손쉽게 인물 편집하는 방법을 배워본다.
2. 칠 기능을 통해 자연스럽게 요소를 지우는 방법을 배워본다.

Contents	<제18장 추억 속 그녀를 지워주세요> 폴더를 열어주세요.
	그녀와의 추억.psd
Source	그녀와의 추억.jpg
Extra	연습.jpg, 연습.psd

칠 기능을 사용하면 허무할 정도로 쉽습니다

01   실습 준비

여행을 가서 찍은 사진에 나온 행인들을 지우고 싶다고
생각해본 적 있나요? 또는 사진에 찍힌 전 남친을 지우고
싶다는 생각은요? 포토샵의 [칠] 기능을 활용하면 무척
이나 쉽게 이런 작업을 할 수 있습니다.

앞서 15장에서 텀블러 위로 드리운 잎사귀를 지우기 위해 [칠]을 사용해봤습니다. 이와 비슷한 방법으로 사진에 찍
힌 여성을 지워보겠습니다. <Source> 폴더에 있는 '그녀와의 추억.jpg' 파일을 실행하세요.

02   [올가미 도구]로 영역 지정하기

[올가미 도구 🄻] ♀를 사용해 여성분의 주변을 넉넉하게 선택합니다.
이제 놀랍게도 작업의 8할이 끝났습니다.

03 [칠] 실행

[편집] > [칠(Shift+F5)]을 선택하고 [내용]을 [내용 인식]으로 설정한 뒤 [확인] 버튼을 클릭합니다.

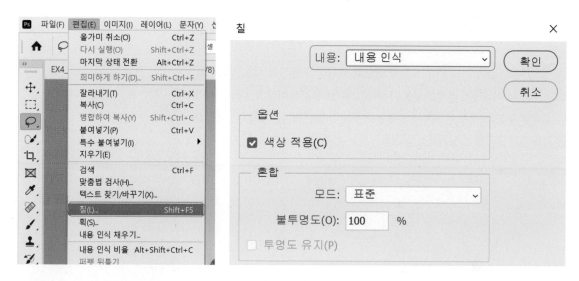

짠! 추억 속 그녀가 온데간데없이 사라졌습니다! 마치 처음부터 혼자였던 것처럼 말이죠. 역시 포토샵은 편리합니다. 그런데 왜 눈물이 흐르려고 하는 걸까요?

01   그녀의 흔적

[내용 인식]은 선택 영역 외부의 픽셀 정보를 활용하여 내부를 채우는 기능입니다. 따라서 미묘하게 어색한 부분이 남아 있을 것입니다. 여성의 몸통이 사라진 실루엣 부분과 경계 부분에서 불분명한 부분이 발견됩니다. 그녀가 머물렀던 자리까지 깔끔하게 정리하겠습니다.

02   [복제 도장 도구]로 경계 부드럽게 다듬기

여성의 발이 있었던 자리에 흐릿한 윤곽이 남아 있습니다. [복제 도장 도구 ⑤] 🗿를 활용해 멀쩡한 땅 영역을 복제하고, 발이 있었던 자리를 덮어줍니다. Alt 키를 누른 채로 화면을 클릭하면 영역이 복제되고, 이후 그냥 클릭하면 복제된 픽셀을 붙여넣기할 수 있습니다.

자연스럽게 그녀의 흔적을 지워냈습니다. 추가로 보정하고 싶은 부분이 있다면 조금 더 사진을 정돈해 합성을 마무리합니다.

짠! 완성입니다!
안녕, 이제 놓아줄게요. 잘 가요.

Designer's Comment!

사람과 같이 커다란 오브젝트도 편리하게 지워주는 [칠] 기능은 무척이나 유용합니다. [복제 도장 도구]까지 활용해 눈에 띄는 커다란 흔적을 지우는 방법도 함께 살펴봤습니다.

만약 포토샵이 없었다면 어떻게 작업을 했을까요? 먼저 사람이 있는 영역을 지우개로 지운 다음 배경과 위화감 없이 잘 섞일 수 있도록 지워낸 영역에 새로 배경을 그려야만 했을 것입니다. 포토샵은 정말 위대한 도구입니다.

Client's Quest!

안녕하세요.
이번에 친구와 제주도로 여행을 갔는데요,
글쎄 거기서 새로운 사랑을 찾았다면서 저를 두고 다른 사람과 떠나버린 것 있지요?
완전 어이없지 않나요?
제주도 여행은 즐거웠는데 걔만 떠올리면 속이 끓어오릅니다. 혹시 제주도 해변에서
찍은 사진에서 친구 모습만 지워줄 수 있나요?

▲ Before

▲ After

클라이언트가 보내준 사진이… 어디 보자. 이거, 제주도가 맞…나요? 제 눈에는 아닌 것 같은데…. 하여튼 옆에 있는 사람을 지워달라고 하니 의뢰나 들어주자고요. 파일은 <Extra> 폴더에 넣어뒀습니다.

친구를 버리고 사랑을 택한 건 잘못한 일이지만, 그래도 용기가 부럽긴 하네요. 제가 좋아하는 사람은 눈치가 참 없어요. 저한테도 용기가 필요한 것 같아요. 제가 조금 더 직접적으로 들이대봐야 할까요? 어떨 거 같아요? 오늘 저랑 저녁 같이 먹어줄래요?

청춘의 달콤한 맛이 느껴지기는 하는데, 어딘가 약간 탄 맛이 나는
것 같기도 합니다.
해변에 모래만 깔려 있었다면 더 쉽고 편하게 합성할 수 있었을 텐
데 하필 몽돌해변이네요. 돌의 경계 부분까지 [칠] 기능이 완벽하게
복원해주지는 못할 수 있으므로 [복제 도장 도구]를 적극적으로 활
용해 사람이 지워진 자리의 돌멩이들을 보정해야겠습니다.

냉탕에 상어가 살거라 믿었지

학습 목표

1. 앞서 배운 기능을 응용해 인물 합성하는 방법을 배워본다.
2. 색상 영역 기능을 통해 효과적인 필요 요소 추출 방법을 배워본다.

Contents	<제19장 냉탕에 상어가 살거라 믿었지> 폴더를 열어주세요.
	수영장.jpg, 수영장.psd
Source	사람.jpg, 상어.jpg
Extra	상어.jpg, 인물.jpg,
	합성.jpg, 합성.psd

상어와 함께 수영을 한다면 어떨까?

한때 '냉탕에 상어(수퍼비)'라는 노래를 즐겨 들었습니다. 문득 이런 생각이 들더군요. 정말 상어와 함께 수영도 하고 목욕도 하면 어떤 느낌일까? 무척이나 오싹하겠죠? 그런데 막상 사람과 상어가 함께 헤엄치는 모습을 상상하니 미적으로는 아름답고 시원한 그림이 만들어질 것 같습니다. 수영장에서 헤엄치는 소년의 뒤로 상어를 합성해보겠습니다.

01   사람 누끼 따기

<Source> 폴더의 '사람.jpg' 파일을 불러와 주세요. 자동으로 선택을 도와주는 도구를 사용하면 사람 주변의 기포 때문에 정밀하게 인식되지 않을 것 같습니다. [펜 도구 P] ⌀.를 사용해 정밀하게 누끼를 따보겠습니다.

인물 누끼를 단축키 Ctrl+J[1]를 눌러 복제해둡니다.

---

1   맥OS에서는 Command+J

02 물방울 누끼 따기

사람만 덩그러니 놓아두면 어색한 합성이 될 것 같습니다. 사람 주변의 물방울도 따 와서 함께 합성하겠습니다.
물방울 영역은 주변의 파란 물보다 밝은 빛으로 표시되고 있으므로 [색상 범위]를 사용해보겠습니다.

'배경' 레이어를 선택합니다. [선택] > [색상 범위]를 선택하고 [색상 범위] 창에서 [밝은 영역]을 선택하겠습니다. 주변보다 밝게 표현되는 물방울을 선택하기 위해서요. [선택]을 [밝은 영역]으로 설정하면 사진 내에서 주변보다 밝기가 밝은 영역들이 선택됩니다.

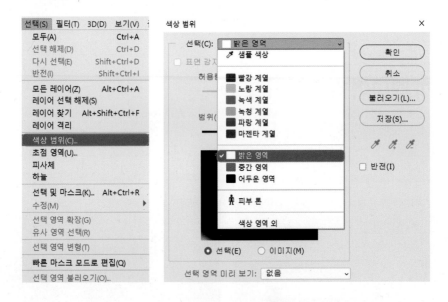

[허용량]과 [범위] 슬라이더를 조절하면서 물방울 영역이 선택되는 구간을 찾아봅니다. 우선 [허용량]은 70%에 [범위]는 255 정도로 잡아보겠습니다.

사진의 밝은 부분이 선택되었습니다. 선택된 영역을 별
도의 레이어로 복제하면 준비가 모두 끝납니다.

03   누끼 레이어 배치하기

'상어.jpg' 파일을 불러와 복제된 2장의 누끼 레이어 아래로 배치합니다. 복제한 물방울이 사진의 느낌을 확 살려주
고 있네요.

물방울 레이어를 숨기면 이렇게 심심한 화면만이 연출
됩니다. 합성할 때 주된 물체뿐 아니라 주변의 다른 대상
도 함께 가져오면 이처럼 더욱 자연스러운 상황을 표현
할 수 있습니다.

불필요한 이미지 지우기

아래 사진을 보면, 수영장 바닥에 있던 타일 무늬가 함께 복제된 것이 보입니다. 이런 부분을 지워주겠습니다. 이외에도 여러분 눈에 거슬리는 부분이 있다면 추가적인 보정을 진행하세요.

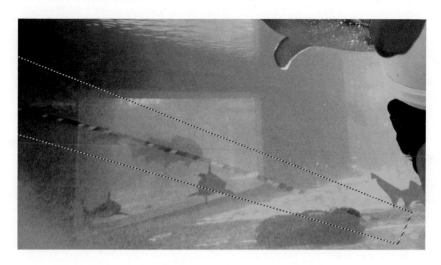

짠! 완성입니다!

실제로 상어 수조에 뛰어든다면 무척 위험하겠지만 사진으로만 보면 뼛속까지 시린 깊은 바닷속에서 신나게 수영을 즐기는 느낌이네요!

Designer's
Comment!

이번 실습에서는 [색상 범위]의 장단점을 모두 겪어볼 수 있었습니다. 물방울을 하나하나 모두 개별적으로 누끼를 땄다면 아마 이 사진 한 장을 만들다가 늙어버렸을지도 모릅니다. 이렇게 서로 연결되지 않은 다양한 개체를 색감이라는 공통된 요소로 한꺼번에 선택할 수 있다는 점이 [색상 범위]의 가장 큰 장점입니다.

단점으로는 비슷한 범위의 의도치 않은 다른 물체가 함께 선택될 수 있다는 점입니다. 수영장 바닥의 타일처럼요. 따라서 [색상 범위]로 누끼를 딸 때는 혹시 우리가 의도하지 않은 물체가 같이 잡혀 오지는 않았는지 확인이 필요합니다.

Client's
Quest!

안녕하세요. 저는 필라테스 강사입니다.
이번에 수영복 콘셉트로 바디 프로필을 찍었는데요, 뭔가, 조금 뭔가 아쉬움이 들어요. 조금 더 바다의 생명력과 자연의 신비로운 느낌을 더하고 싶은 데 혹시 좋은 아이디어가 있을까요?

▲ Before

▲ After

또 색다른 요구네요. 바다의 생명력과 자연의 신비로움이라. 신비로운 동물인 상어 한 마리만 넣으면 되겠네요? 제 말 맞죠? 클라이언트가 보내 준 사진과 상어 사진은 <Extra> 폴더에 넣어놨어요.

그나저나 저도 필라테스나 배워볼까요? 종일 포토샵만 붙들고 앉아 있으니까 점점 살이 찌는 것 같기도 해요. 후우. 네? 아, 그, 그런 것 안 해도 예쁘다고요? 어, 어라? 오늘 퇴근하고 시간이요? 어, 많아요! 네, 저 시간 많아요! 진짜로요!

모델의 사진에서 빛의 방향이 어떻게 흘러가고 있는지를 고려해야 합니다. 특히 수중 사진은 물의 깊이가 조금만 깊어져도 색감과 밝기가 급격하게 변하는 경우가 많으므로, 상어를 합성한 뒤에도 이런 점을 고려해 적절한 명암 처리가 필요합니다.

아, 그리고 모델의 몸이 상어의 몸 위로 드리우는 그림자도 그려 넣어야 합니다. 그림자는 11장에서 책상 위 컵을 합성하며 사용한 방법으로 넣어도 좋고, 브러시로 넣어도 좋습니다. 그림자의 가장자리가 너무 날카롭지 않도록 흐림 처리하는 것도 잊지 말아 주세요.

사바나 사자, 하와이로 휴가를 떠나다

학습 목표

1. 앞서 배운 기능을 응용해 배경 교체하는 방법을 배워본다.
2. 하늘 대체 기능을 통해 효과적인 합성 방법을 배워본다.

Contents	<제20장 사바나 사자, 하와이로 휴가를 떠나다>
	폴더를 열어주세요.
	사자.jpg, 사자.psd
Source	사자.jpg, 야자.jpg
Extra	1.jpg, 2.jpg, 3.jpg, 3.psd

하늘 대체 기능

01 실습 준비

<Source> 폴더에 있는 '사자.jpg' 파일을 불러오세요. 이 사진에는 바위 위에 누운 사자가 찍혀 있습니다. 사자의 뒤로 펼쳐진 하늘에는 아무런 구름이나 오브젝트가 찍혀 있지 않고요.

이처럼 하늘이 또렷하게 표현된 사진에는 [하늘 대체] 기능을 적용하기 쉽습니다.

02 [하늘 대체]

[하늘 대체]는 포토샵이 제공하는 강력한 기능 중 하나로, 말 그대로 사진에 찍힌 하늘을 다른 이미지로 대체하는 기능입니다. 사자 레이어를 선택하고 상단 메뉴 바의 [편집] > [하늘 대체]를 선택합니다.

그러면 [하늘 대체] 팝업창이 나타나며 다음과 같이 하늘을 직접 편집할 수 있습니다. 벌써 하늘의 느낌이 달라졌죠?

[하늘 대체]에서 제공되는 다양한 하늘 프리셋 이미지를 선택해 봅시다.

[푸른 하늘] 폴더에는 푸른 빛 하늘의 다양한 모습이 저장되어 있습니다. 구름이 몽글몽글 떠다니는 하늘 아이콘을 클릭하면 사자 뒤로 펼쳐진 하늘에도 구름이 표현됩니다.

약간 어둡고 구름 낀 하늘을 선택하니 사자의 인상마저도 한층 더 날카롭고 강렬해졌습니다. 이처럼 쉽게 하늘을 합성할 수 있는 기능이므로 여러 가지 프리셋을 살펴보기 바랍니다.

03 [가장자리] 관련 기능

패널에는 [가장자리 이동]과 [가장자리 페이드] 슬라이더가 있습니다. 가장자리가 무슨 의미인지 알아보겠습니다. 먼저 푸른색보다는 붉은색이 더 많이 표시된 하늘을 선택하겠습니다.

사자의 갈기 주변을 유심히 살펴보기 바랍니다. 특히 좌측의 갈기를 보면 기존의 파란 하늘빛이 그대로 맺혀 있는 것을 볼 수 있습니다. 자동으로 하늘을 인식하다 보니 경계면이 명확하게 인식되지 않았을 수도 있습니다. 아니면 푸른 빛 자체가 털에 맺혀 있을 수도 있고요.

이때 [가장자리 이동] 슬라이더를 조절하여 좀 더 하늘 이미지가 사자의 내부로 스며들게 설정해, 기존에 사자에 맺혀 있던 파란 하늘의 느낌을 줄일 수 있습니다. [가장자리 페이드]를 선택하면 [흐림 도구]를 사용해 경계면을 뭉갠 것처럼 사자와 배경 사이의 경계면이 흐릿해지며 더욱 자연스럽게 합성됩니다.

차이를 눈으로 확인하려면 두 슬라이드를 모두 우측 끝까지 이동시켜보세요. 사자의 갈기가 푸석푸석하게 끊어지며 그 넝먹으로 붉은 하늘이 파고들었습니다. 그리고 사자의 얼굴과 코, 머리 영역까지 붉은 기운이 파고들었고요. 작동 원리를 파악하는 데에는 충분한 예시였지요?

이제 슬라이더를 다시 적절한 수준으로 낮추며 예쁘게 합성되는 범위를 찾아봅시다. 여러분의 눈에 괜찮아 보이는 수준에 도달했다면 [확인] 버튼을 눌러 작업을 종료합니다.

하늘 대체와
클리핑 마스크 레이어의 활용

01 [하늘 대체]의 작동 원리

레이어 패널을 잠시 살펴보기 바랍니다. [하늘 대체]를 실행하면 다음
과 같이 하늘의 이미지와 함께 클리핑 마스크가 만들어집니다. [하늘 대
체] 기능은 배경 위에 하늘 이미지를 얹은 다음, 클리핑 마스크를 적용
해 하늘이 아닌 부분을 지워내는 방식으로 동작한다는 사실을 여기에
서 유추할 수 있습니다.

이 클리핑 마스크를 활용하면, 포토샵이 제공하는 프리셋 하늘 이미지
뿐만 아니라 우리가 원하는 다양한 이미지를 자연스럽게 합성하는 것
도 가능합니다.

02 휴양지 배경 삽입하기

<Source> 폴더에 있는 '야자.jpg' 파일을 불러와서 사자 그림에 붙여넣으세요. 이 사진을 사자 뒤에 배경으로 합성해
보겠습니다.

레이어 패널의 마스크 썸네일을 Ctrl[1] 키를 누른 채로 클릭합니다.

그리면 클리핑 마스크이 형태로 선택 영역이 잡힙니다.

이 선택 영역을 활용해 '야자.jpg' 파일에 클리핑 마스크를 적용합니다. 그러면 우측 사진에서 붉은 영역으로 표시한 영역만 화면에 표시되고, 나머지 영역은 화면에서 지워집니다.

짠! 결과적으로 사자 뒤의 배경이 순식간에 변경되는 효과를 볼 수 있습니다!

1   맥OS에서는 Command

Designer's Comment!

무척이나 편리하게 배경을 바꿀 수 있는 [하늘 대체] 기능을 살펴봤습니다. 사진에 펼쳐진 하늘만 바꿔줘도 느낌이 확 달라지는데, 이걸 클릭 몇 번으로 할 수 있다니! 역시 포토샵은 강력한 도구입니다.

합성하려는 물체나 피사체 뒤에 하늘이 있거나, 우리가 합성하려는 건물 위로 하늘이 펼쳐져 있는 등 포토샵이 [하늘 대체] 기능으로 인식할 만한 배경이 뒤에 깔려있을 때, 손쉽게 배경을 합성할 수 있습니다.

Client's Quest!

안녕하세요!

저는 여행 가이드로 일하고 있습니다.

이 사진 좀 보세요. 이번에 새로 관광상품을 개발 중인 지역이에요. 무척 아름답지요? 그런데 고민이 하나 있습니다.

이 사진이 너무 심심한 것 같아요. 구름도 한 점 없고 말이에요. 혹시 이 사진에 구름을 좀 넣어 보다 생동감 있는 이미지를 고객들에게 전달하고 싶은데, 가능할까요? 이왕이면 밝은 낮의 모습과 석양으로 물든 장면을 모두 보여주고 싶어요!

▲ Before

▲ After

여행 상품 개발 분야에서도 합성 작업의 수요가 높기는 하죠. 클라이언트한테 받은 사진은 제가 정리해서 <Extra> 폴더에 넣어뒀어요! 이번에도 잘 부탁드려요.

아, 그리고 이거요. 마우스도 없이 어떻게 작업하시려고요. 잘 챙겨 다니셔야죠.

어디서 찾았냐고요? 어제 우리 집에 두고 가셨더라고요. 그래서 출근길에 가져왔어요. 저 잘했죠? 다음에는 잘 챙겨 가세요. 칫솔도 좀 사 오고요.

[하늘 대체] 기능으로 석양이나 노을을 합성할 때 주의할 점이 있습니다. 석양은 하늘과 구름을 붉게 물들이기도 하지만, 그 아래에 펼쳐진 땅과 다른 사물도 함께 붉은빛으로 물들인다는 사실을요.
이 점에 주의해서, 하늘 합성뿐 아니라 지면과 산악 지형에도 노을빛이 맴돌아 붉게 물든 모습을 표현해보기 바랍니다.

포토샵으로 시간 여행을 떠나요

학습 목표

1.   앞서 배운 기능을 응용해 배경 교체하는 방법을 배워본다.
2.   하늘 대체 기능을 통해 효과적인 합성 방법을 배워본다.

Contents	<제21장 포토샵으로 시간 여행을 떠나요> 폴더를 열어주세요.
	노을.jpg, 노을.psd
Source	집.jpg
Extra	도시.jpg, 예제.jpg, 예제.psd

01 실습 준비

시간의 흐름을 눈으로 볼 수 있을까요?

얼핏 생각하기에는 곤란할 것 같지만 사실 밀폐된 공간 내부가 아닌 이상 인류는 시간의 흐름을 눈으로 확인할 수 있습니다. 지구가 자전하고 있기에 태양이 끊임없이 움직이거든요.

먼저 태양의 움직임은 지면에 나타나는 그림자를 변화시킵니다. 그림자의 길이와 방향, 진하기가 달라집니다.

그리고 태양은 지면과 가까워질수록 붉은빛을 흩뿌립니다. 밝았던 하늘이 붉게 물들기 시작하면 시간이 흘러 밤이 되고 있음을 알 수 있지요. 이처럼 태양광의 변화는 시간의 흐름을 눈으로 느낄 수 있도록 도와줍니다.

자, <Source> 폴더에 있는 '집.jpg'를 불러와주세요. 이 사진의 시간대는 어느 무렵인 것 같나요? 아직 동이 트기 전의 새벽일 수도 있고, 혹은 이른 저녁의 모습일 수도 있겠네요.

합성을 통해 이 사진의 시간대를 일몰 직전의 늦은 저녁으로 바꿔보겠습니다.

02　[하늘 대체]에서 저녁노을이 질 무렵 하늘을 선택하기

[하늘 대체]에서 붉은 기가 도는 저녁노을 무렵 하늘을 선택해주세요. 지붕의 불규칙한 모양이나 형태에도 불구하고 비교적 하늘 영역을 잘 인식하는 모습을 살펴볼 수 있습니다. 역시 포토샵은 신기해요.

이 상태에서 합성을 중단해도 적당히 저녁 느낌은 납니다만, 하늘이 붉게 물들 정도로 강렬한 노을이 내리쬐고 있다면 집과 주변 풍경에도 붉은빛이 나타나겠지요? 보정을 통해 건물에 붉은 노을빛을 입혀보겠습니다.

03 톤 보정하기

본격적으로 붉은빛을 뿌리기 전에 저녁노을이 질 시간대 특유의 어둠
이 몰려오기 시작하는 느낌을 주기 위해 사진의 명도와 대비를 조금 더
보정하겠습니다.

조정 레이어를 추가해야 하는데요, 레이어 패널의 사진을 잘 살펴보기
바랍니다. [하늘 대체]로 인해 생겨난 레이어와 '배경' 레이어의 사이에
'명도/대비' 레이어를 삽입합니다. 이 순서에 유의해주세요.

하늘에는 클리핑 마스크가 적용되어 있으므로 마스크보다 아래쪽에서
[명도/대비] 보정이 들어가면, 클리핑 마스크가 자연적으로 하늘의 [명
도/대비]가 함께 왜곡되는 것을 방지할 수 있기 때문입니다.

[명도]를 조금 떨어뜨리며 대비를 높여 어두워지기 직전의 풍경을 연출했습니다. 어두운 곳은 더욱 어둡게, 조명 빛
은 더욱 눈에 띄게 바뀌며 사진의 분위기가 확 달라졌습니다.

04 색조 보정하기

이어 '색조/채도' 레이어를 추가해 집과 마루의 전반적인 색조를 약간만 붉은색으로 보정합니다. 마찬가지로 '전경색' 레이어보다 아래쪽에 위치시켜 클리핑 마스크의 적용을 받도록 합시다.

이제 노을 진 저녁의 느낌이 나기 시작하네요.

05 [포토 필터]로 노을 느낌을 더 강렬하게

사진 위에 '포토 필터' 조정 레이어를 활용해 오렌지색 느낌을 전체적으로 더 얹어 붉은 노을이 집 안까지 찾아온 듯한 느낌을 줍시다.

전체적으로 효과를 더해 하나의 이미지로 묶기

배경 이미지 보정이 끝난 뒤, 전체 레이어에 한꺼번에 효과를 더하게 되면 조정 레이어 아래에 있는 레이어와 일체감과 통일감을 더하여 마치 하나의 이미지로 묶이는 듯한 느낌을 줄 수 있습니다. 레이어 패널의 최상단에 '색상 검색' 조정 레이어를 추가하여 아래에 있는 이미지들에 한꺼번에 보정 효과를 줘보겠습니다.

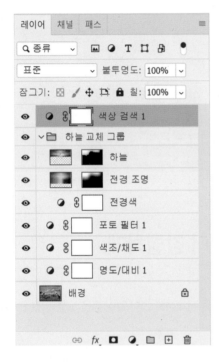

여러 LUT 옵션을 선택해보기 바랍니다. 이 사진은 [Fuji F125 Kodak 2395] 프로파일입니다. 필름 카메라로 담아낸 듯한 따뜻하고 부드러운 색감이 인상적이네요.

여기에 '레벨' 조정 레이어를 추가하여 어두운 구역은 조금 더 어둡게 만들겠습니다. 어두운 영역의 오프셋 핸들을 오른쪽으로 30까지 드래그하면 어두운 영역이 더욱 어둡게 표현됩니다. 결과적으로 그림자가 진 영역이 한층 더 어둡게 표현되면서 대비가 강해집니다.

이어 밝은 영역의 핸들도 250까지 내려보겠습니다. 핸들 우측에 세로로 긴 피크가 보이죠? 사진에서 가장 밝은 영역의 면적이 저만큼 된다는 뜻입니다. 핸들을 좌측으로 이동시키며 사진에서 가장 밝은 영역에 비해서는 조금 어둡지만 그래도 밝은 영역이 한층 더 밝아집니다.

짠! 완성입니다. 역시 노을 진 풍경은 대비가 진한 게 제맛입니다.

Designer's Comment!

시간대가 다른 화면을 합성할 때 주의해야 할 부분들을 두루 살펴봤습니다. 책의 실습 순서는 여러분이 더욱 다양한 기법을 체험할 수 있도록 설계된 것이므로, 여러분이 필요하다 느끼는 부분만 상황에 따라 적용해도 좋습니다.

Client's Quest!

안녕하세요!
미국의 말벌 스튜디오의 컨셉아트 제작팀입니다.
이번 영화에 마천루를 배경으로 천둥번개가 내려치는 장면이 등장하는데요, 먹구름이 모여드는 장면의 컨셉아트가 필요해 연락드리게 되었습니다.
샘플로 보내드리는 사진 위에 먹구름이 낀 장면을 합성해주시겠어요? 시간대는 저녁이 좋겠네요. 잘 부탁 드려요. 이번 씬(scene) 기획안이 호평을 받으면 그다음 작업도 계속 의뢰하겠습니다.

▲ Before

▲ After

와! 말벌 스튜디오라니! 슈퍼히어로 영화로 유명한 그 말벌 스튜디오와 협업이라니요! 이번에 정신 바짝 차리고 작업하자고요! 이번에는 저도 도울 거예요. 천둥이나 특수효과는 제가 합성할 테니까 구름이랑 시간대에 맞는 노을 같은 요소들을 합성해주세요! 제공받은 사진은 <Extra> 폴더에 넣어놨어요!
얼른 마무리하고 치맥 포장해서 우리 집에 가요. 낫플릭스로 말벌 영화 틀어두고 건배나 하자고요! 아, 갈아입을 옷이요? 걱정 마세요. 잠옷 사 놨어요. 사이즈는 어떻게 알았냐고요? 후후. 얼른 작업이나 하고 오세요. 이따 알려줄게요.

단순히 구름과 노을 색을 합성하는 데서 그치지 않고, 삭막한 도시의 느낌을 살리기 위해 회색조를 더해주는 것도 좋을 것 같습니다. 이번 과제에도 가장 주의해야 할 요소는 역시 빛인데요, 건물이 대부분 대각선으로 마주 보고 있어 왼쪽 면은 밝고 오른쪽 면은 어둡게 표현되고 있다는 점에 주의하기 바랍니다. 대비를 잘못 건드리면 건물의 오른쪽 면과 왼쪽 면 사이의 괴리가 커져 서로 분리되는 것처럼 보이는 어색한 결과물이 만들어질 수도 있겠네요.

5

포토샵으로 도전하는
아트워크 제작

서핑하는
바나나 오리

학습 목표

1. 앞서 배운 개념들을 바탕으로 아트워크를 제작하는 방법을 배워본다.
2. 적절한 요소 배치를 통해 콘셉트를 구현하는 방식을 배워본다.

Contents	<제22장 서핑하는 바나나 오리> 폴더를 열어주세요. 해변의 오리.psd
Source	물.jpg, 바나나.jpg, 야자.jpg, 오리.jpg, 튜브.jpg, 해변.jpg

아트워크 스케치

실무에서 자주 사용되는 포토샵 기능은 이제 거의 다 배운 것 같네요. 기본적인 기능들이지만 이들만 잘 활용해도 대부분 작업을 처리해낼 수 있습니다. 자, 이번 Chapter에는 지금까지 배운 기능들을 활용해 일종의 아트워크를 만드는 과정을 체험해보겠습니다.

작업을 시작하기에 앞서, 작업에 필요한 재료를 수집하고 어떤 결과물을 만들고 싶은지 구상하는 것이 중요합니다.

마침 이 책을 집필하고 있는 제 책상 옆에, 어제 사 온 바나나가 놓여 있네요. 그러면 바나나를 주제로 한번 아트워크를 제작해보겠습니다.

바나나 이미지를 먼저 수집해야겠네요.

▲ 바나나.jpg

바나나는 따뜻한 지역에서 자라는 식물이죠. 따뜻한 지역이라, 남쪽의 휴양지가 떠오르네요. 해변과 야자수 이미지를 준비하겠습니다.

▲ 해변.jpg

▲ 야자.jpg

해변과 야자수 하면 튜브를 타고 둥둥 떠다니며 즐기는 장면이 가장 먼저 떠오르죠! 튜브와 물 이미지를 준비합니다.

▲ 튜브.jpg

▲ 물.jpg

마침 튜브 위에 홍학처럼 보이는 새 얼굴이 달려 있네요. 이 얼굴에는 귀여움이 부족하니, 훨씬 귀엽고 사랑스러운 오리를 집어넣으면 예쁠 것 같습니다. 오리 이미지도 준비했습니다.

▲ 오리.jpg

수집된 재료는 모두 <Source> 폴더 안에 저장해뒀습니다. 이제 이 파일들을 활용해 스케치를 해보겠습니다.

물.jpg

바나나.jpg

야자.jpg

오리.jpg

튜브.jpg

해변.jpg

수집된 재료들을 잘 모아 어떤 위치에 어느 요소를 배치하면 좋을지 상상해봅니다. 크기도 줄여보고, 불필요한 부분은 잘라내 가면서 요소들을 배치해보기 바랍니다. 이 스케치를 보면 어떤 생각이 떠오르나요?

저자는 해변에서 튜브를 타고 둥둥 떠다니는, 바나나 몸통을 가진 오리가 떠오르는데요. 지금 떠오른 느낌을 그대로 아트워크로 한번 표현해보겠습니다.

바나나 오리 만들기

먼저 아트워크의 핵심 키워드가 될 바나나 오리를 만들어보겠습니다. 바나나 오리를 먼저 만들고, 바나나 오리를 중심으로 스토리를 담아내면 더욱 재미있는 작품이 만들어질 것 같습니다.

01 바나나 몸통 누끼 따기

바나나 이미지를 불러와 어떻게 작업하면 좋을지 구상해봅시다. 배경과 개체가 비교적 명확히 구분되고 있으므로 [개체 선택 도구 W] 나 [빠른 선택 도구 Shift +W+W] 를 사용해 편하게 누끼를 딸 수 있을 것 같습니다. 여러분이 편한 방법으로 누끼를 따 주세요.

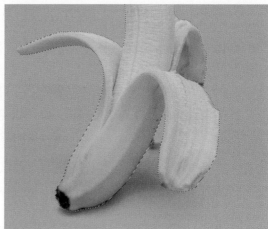

모서리 부분은 섬세하게 선택되지 않을 수도 있습니다. 다른 선택 도구를 활성화하고, Shift 키를 누른 채로 선택하여 바나나를 정밀하게 선택 영역으로 지정합시다.

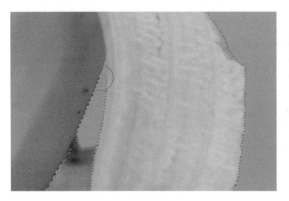 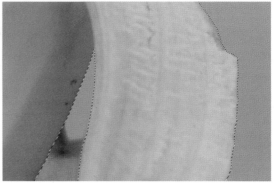

02   [축소] 기능을 활용한 누끼 다듬기

선택 영역을 복제해 별도의 레이어로 분리하고, 바나나 원본 레이어를 지워버리면 바나나 주변에 꼼꼼하게 누끼가 따지지 않은 영역이 한눈에 드러납니다. 다음 사진의 우측면을 보면 붉은 기운이 묻어있지요? 이 경계면을 지워야겠습니다. 경계면을 지우거나 [펜 도구]를 사용해 누끼를 더 다듬는 방법도 있지만 더 쉬운 방법을 사용해보겠습니다.

상단 메뉴 바의 [선택] > [수정] > [축소]를 차례대로 선택합니다.

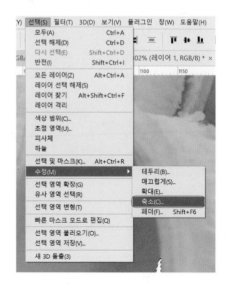

[선택 영역 축소] 창이 뜹니다. [축소량]에 값을 입력하면, 여러분이 입력한 값만큼 선택 영역이 축소되며 내부로 오그라듭니다. 붉은 기운이 묻어있는 테두리가 사라질 정도까지 선택 영역을 축소하면 되겠지요?

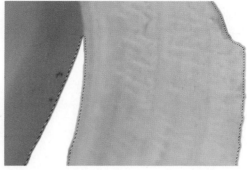

이제 선택 영역만 복제해서 깔끔한 바나나 누끼를 만들면 작업이 끝납니다!

03　오리 누끼 따기

오리의 머리 부분의 누끼를 따줍니다. 경계선 중간중간 초록색 배경이 묻어나네요. [축소] 기능을 사용해도 좋고 [지우개 도구 E] 를 사용해도 좋습니다. 녹색 영역을 지워줍시다.

04 바나나 오리 수술 시작

먼저 오리의 머리를 적절한 위치에 적절한 크기로 배치합니다. 이어 지우개의 경계를 부드럽게 만들고 크기를 키워 오리의 목 부분을 적당히 지워내며 경계를 부드럽게 만들어줍니다.

클리핑 마스크로 오리의 머리 부분에만 '포토 필터' 조정 레이어를 적용합니다. 바나나가 오리에 비해 노란빛이 돌고 있으므로, [Warming Filter (81)]을 적용해 오리의 색상을 약간 노랗게 보정합니다.

[색상 범위]로 바나나의 줄무늬 부분을 복사한 다음, 이 무늬를 오리의 목 부분에 겹쳐주면 보다 자연스러운 합성 결과를 만들 수 있습니다.

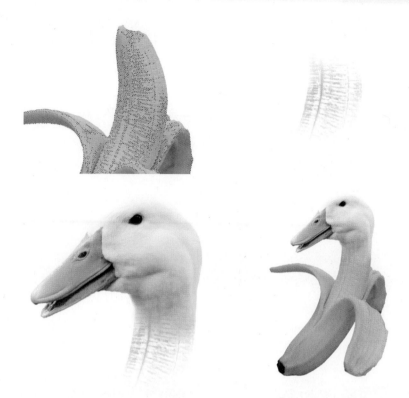

바나나 오리가 완성되었네요! 바나나 오리에 사용된 레이어들을 그룹화하여 하나의 오브젝트로 묶어줍시다. 아트워크를 제작할 때는 레이어를 정리하는 습관이 더더욱 중요합니다.

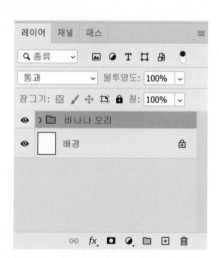

바다 만들기

바나나 오리가 헤엄치며 둥둥 떠다닐 바닷물을 만들어보겠습니다.

먼저 아트워크가 들어갈 화면을 가로×세로 3칸씩 그리드 안내선을 표시합니다. 화면 내에 들어갈 구성요소가 많으므로 균형을 잡지 않으면 어지러운 결과물이 나올 수도 있으니까요.

화면의 하단 1/3 영역에 바닷물이 걸칠 수 있도록 바닷물의 위치와 크기를 수정해주세요. 그리고 아래쪽 바닷물의 누끼만 남기고 하얀색 영역은 지워줍니다.

오리 투입

화면을 3분할하는 구도를 사용할 때, 교차하는 4개 지점 중 하나에 무게 중심이 위치하면 전반적으로 균형 잡힌 매력적인 구도를 만들 수 있습니다. 안내선을 확인하며 오리의 위치를 지정해주세요.

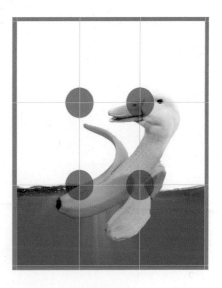

그리고 물 레이어를 오리보다 위로 올린 뒤, [혼합 모드]를 [곱하기]로 설정하여 물속에 오리의 하반신이 잠긴 상황을 연출합니다.

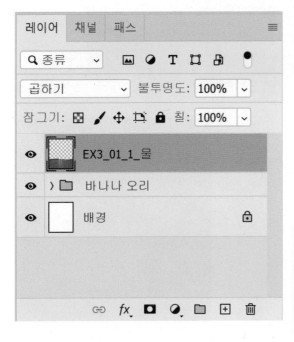

해변 배경 삽입

레이어의 맨 밑에 '해변.jpg'를 가져와서 이동시키며 구도를 잡아봅니다. 그리고 물속에 잠긴 해변을 지우기 위해 물 바깥쪽의 누끼를 따겠습니다. 바닷물 누끼의 선택 영역을 활용하여 [선택 영역 반전]을 실행하면 편하게 물 밖 영역을 잡을 수 있습니다.

먼저 레이어 패널에서 Ctrl 키[1]를 누른 채로 바닷물 레이어의 썸네일을 클릭합니다. 그러면 바닷물의 누끼가 선택 영역으로 지정됩니다. 이 상태에서 단축키 Ctrl + Shift + I [2]를 눌러 선택 영역을 반전하고, 마스크 버튼을 눌러 물 바깥의 해변 영역만 화면에서 남깁니다.

물에 하반신이 잠긴 바나나 오리가 등장했습니다!

---

1   맥OS에서는 Command

2   맥OS에서는 Command + Shift + I

튜브 넣기

휴양지 물놀이에서 튜브는 필수지요! '튜브.jpg' 파일을
불러와 튜브의 누끼를 땁니다.

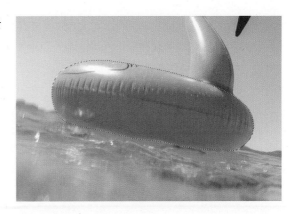

[자유 변형]을 활용해 튜브의 크기와 위치를 잡아줍니다. 수면 아래로 내려간 튜브의 영역이 물에 잠긴 것처럼 연출
하기 위하여 튜브 레이어는 물 레이어와 오리 레이어 사이에 위치시킵니다.

오리의 팔을 튜브 밖으로 빼내기

자고로 물놀이를 할 때 팔이 튜브 밖으로 빠져나오는 것이 기본입니다. 오리의 팔에 해당하는 바나나 껍질이 튜브 바깥으로 튀어나오도록 수정합니다.

튜브 레이어를 잠시 숨긴 뒤 바나나 껍질 부분을 선택 영역으로 잡습니다. 이어서 단축키 Ctrl + Shift + I³를 눌러 선택 영역을 반전합니다. 결과적으로 팔 바깥 영역이 통째로 선택되었죠? 이 상태에서 튜브 레이어의 마스크 버튼을 눌러 마스킹합니다.

결과적으로 팔이 있었던 영역만큼 마스크가 칠해지며, 팔이 있었던 영역만큼의 튜브가 지워지게 됩니다.

오리의 팔이 밖으로 빠져나왔습니다!

---

3   맥OS에서는 Command + Shift + I

바닷물 색을 조금 더 밝게 만들기

바닷물 레이어를 [곱하기]로 합성했기 때문에 물이 조금 어둡게 혼합되며 수면이 많이 어두워 보입니다. 햇빛이 쨍쨍한 휴양지의 바닷물은 이것보다는 조금 더 밝겠지요?

바닷물 레이어를 복사하여 하나 더 만들어주고, 조금 더 밝은색으로 보정합니다. 그리고 [혼합 모드]의 [스크린]을 사용하여 더욱 밝게 합성합니다.

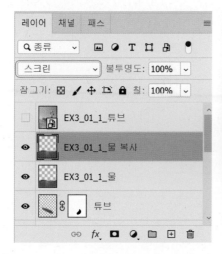

수면이 전체적으로 밝을 필요까지는 없고, 윗부분만 적당히 밝아져도 상관없으니 복제된 바닷물 레이어에 [레이어 마스크]를 추가하고 아래쪽 부분을 지워냅니다.

야자수 잎 장식하기

'야자.jpg' 파일을 불러와 윗부분만 잎사귀가 있는 윗부분만 잘라 아트워크 위로 올려줍니다.

그런 다음 [색상 범위]를 활용하여 하늘 영역을 선택하고
지워줍니다.

야자수 누끼가 만들어졌습니다.

[자유 변형]으로 야자수의 위치와 크기를 잡아주세요. 그리고 마우스 오른쪽 버튼으로 화면을 클릭하고 [뒤틀기]를
선택해 여러분의 취향에 맞는 형태로 야자수 잎을 배치합니다.

야자수 잎 배치는 끝났습니다. 그런데 화면을 확대해서 자세히 보니 [색상 범위]를 활용해 지워낸 하늘의 경계면이 희미하게 보이네요.

이 부분을 지우개로 지워 마무리합니다.

색상 검색을 활용한 야자수 색감 보정

[색상 검색]은 포토샵에서 제공하는 색상 테이블 샘플입니다. 야자수 레이어에 조정 레이어를 추가하고, 마우스 오른쪽 버튼으로 클릭해 '색상 검색' 레이어를 불러옵니다.

[3D LUT] 패널에서 여러 선택지를 눌러보세요. [3D LUT]는 색상 모드가 [RGB]로 설정되었을 때만 사용 가능합니다. [3D LUT]는 현재 이미지의 색상 공간을 다른 색상 공간으로 변환해주는 기능입니다. 쉽게 말하면 색감을 미리 정해진 프리셋으로 옮겨주는 필터입니다.

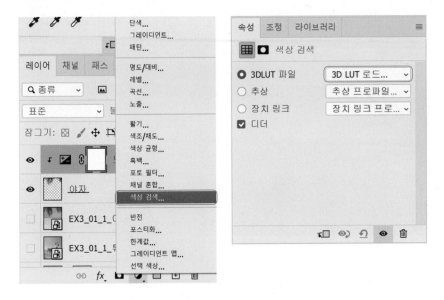

짠! 색감이 보정되며 야자수 잎이 더욱 생동감 있게 바뀌었습니다!

색상 검색을 활용해 더 다양한 효과 만들어보기

전체 이미지를 대상으로 [색상 검색]을 또 실행해 여러 가지 효과를 시도해보기 바랍니다. 평상시에 의식적으로 눌러볼 일이 없으므로, 이런 기회가 있을 때 이것저것 눌러 봐야 합니다.

효과를 하나하나 눌러보다가 [2Strip.look]을 선택해 봤는데 느낌이 벌써 좋습니다. 이제 마무리 단계로 넘어가보겠습니다.

[명도/대비]와 [노출] 정도를 살짝 조절하여 작업을 마무리하겠습니다. 이렇게 아트워크 하나가 완성되었습니다!

Designer's Advise!

아이디어를 구상하는 단계에서부터 아트워크가 완성되기까지 의식의 흐름을 여러분에게 소개하기 위해 많이 고민했습니다. 어떻게, 잘 전달이 되었을까요?

[색상 범위]와 같이 포토샵에 기본적으로 탑재된 보정 기능을 활용하다 보면 정말로 포토샵이 편리한 도구라는 점을 느끼게 됩니다. [색상 범위]에서 제공되는 보정 프리셋을 한 땀 한 땀 손으로 구현해 보는 것도 여러분의 실력 향상에 큰 도움이 될 것 같습니다.

몽환의 숲

학습 목표

1. 앞서 배운 개념들을 바탕으로 아트워크를 제작하는 방법을 배워본다.
2. 색상 검색을 활용해 효과적인 색감 보정을 배워본다.

Contents	<제23장 몽환의 숲> 폴더를 열어주세요. 몽환의 숲.jpg, 몽환의 숲.psd,
Source	배경 숲.jpg, 목재.jpg, 나무.jpg, 돌.jpg, 물.jpg, 별.jpg, 사슴.jpg, 안개.jpg

꿈속의 숲

낮잠을 자다가 울창한 숲속을 거니는 꿈을 꿨습니다. 문득 꿈속에 나올법한 숲을 만들어보고 싶다는 충동이 모락모락 피어오릅니다. 영감이 사라지기 전에 작업을 시작해보겠습니다. 이번 실습에 사용된 모든 사진은 <Source> 폴더에 들어 있습니다.

먼저 아트워크 제작의 뼈대가 될 숲 이미지를 찾아봤습니다. 울창하게 자란 나무 사이의 오솔길이 인상적입니다. 오솔길을 숲속의 비밀스러운 계곡물로 합성하면 멋질 것 같습니다. 지금부터 아트워크를 제작해보겠습니다.

▲ 배경 숲.jpg

오솔길을 계곡물로 바꾸기

숲의 중앙을 따라 이어지는 오솔길을 계곡물로 바꿔보
겠습니다. 비슷한 느낌의 숲에서 촬영된 계곡 사진을 구
할 수 있으면 좋습니다. 사진이 촬영된 시점까지 유사하
면 더더욱 좋고요.
비슷한 구도로 촬영된 계곡의 사진을 구했습니다. 이 사
진을 숲 위로 불러와 배치해보겠습니다.

▲ 물.jpg

물 사진과 숲 사진의 소실점이 일치하도록 사진을 배치
하면 자연스러운 결과물을 만들 수 있습니다.

자, 오솔길이 있던 자리에 냇물 사진을 올렸습니다. 구도만 봐도 합성이
성공할 것 같은 예감이 들지 않나요?
클리핑 마스크를 만들어 계곡물 외부 영역을 화면에서 모두 지워주겠습
니다. 지우개를 사용해도 좋습니다.

유심히 보니 냇물 사진에서 표현되는 빛의 느낌이 배경이 되는 숲의 사진과 조금 차이가 있는 것 같습니다.

계곡물 레이어에서 조정 레이어 중 [노출]을 조절하여 주변의 오솔길과 잘 녹아들도록 보정합니다. [노출]을 약간 낮춰주고 [오프셋]을 약간 높여주니 자연스럽네요.

계곡물의 가장자리와 숲 사이의 경계면이 조금 어색해 보일 수도 있습니다만, 지금은 러프한 스케치를 하는 단계이므로 느낌만 보며 넘어갑시다.

세부적인 디테일은 작업의 후반부에 잡아보겠습니다. 애초에 작품의 소재 자체가 다양한 오브젝트가 많은 숲이므로 다른 소재들을 더 얹어서 충분히 합성의 경계면을 가릴 수 있습니다.

하단부 사진에 근경을 합성해
빈 공간 메우기

계곡물 사진의 경계면과 숲 사진의 하단에 어색하게 잘
린 영역이 있습니다. 이미지를 잘라내어 이 부분을 지워
내도 좋겠지만 숲이라는 소재의 특성을 살려보는 것도
좋겠지요. 이 자리에 나무와 돌과 같은 물체를 배치하여
어색한 영역을 가려보겠습니다.

먼저 나무 이미지를 불러오겠습니다. 나무뿌리가 왼쪽
으로 뻗어나가면서 저 빈 공간을 채우면 울창한 자연이
불러오는 신비한 느낌을 살릴 수 있을 것으로 보입니다.

▲ 나무.jpg

나무줄기와 뿌리가 아트워크의 우측 하단부에 무게감 있게 자리 잡을 수 있도록 위치와 크기를 선정합니다. 그리고
뒤쪽으로 펼쳐진 숲과 지면 등 불필요한 배경 영역을 모두 지워줍니다.

이어서 [자유 변형] > [뒤틀기]로 나무의 형태를 조금씩 뒤틀어 숲의 분위기에 맞는 형태로 조정합니다. 사진이 끝나는 지점에서 나무줄기가 갑작스럽게 잘려 나가므로 줄기 윗부분을 오른쪽으로 비틀어 가리겠습니다. 그리고 일부분을 아래로 당기는 등의 작업을 거쳐 나무의 형상을 자연스럽게 왜곡합니다.

형상을 잡고 나니 지나치게 밝은 녹색의 이끼가 거슬리네요. '색조/채도' 조정 레이어를 추가해 [색조]와 [채도]를 조절합니다. '노출' 조정 레이어를 추가한 뒤 [노출]을 조금 더 낮추고 [감마 교정]을 조금 높여보겠습니다.

더욱 축축하고 눅눅한 색감의 이끼가 완성되었습니다.

이어서 [흐림 도구]로 나무의 경계선을 부드럽게 뭉개면 더 자연스러운 합성 결과물이 완성됩니다. 이런 정성과 디테일이 큰 차이를 만듭니다.

이렇게 아트워크의 우측 하단부는 정돈이 되었습니다.

좌측 하단 근경 돌

아트워크의 우측 하단 빈 공간은 나무로 채웠으니 좌측 하단의 빈 공간은 돌로 채워보겠습니다. 숲의 분위기에 어울리는 돌 이미지를 찾았습니다.

▲ 돌.jpg

돌 이미지를 아트워크 위에 삽입하겠습니다. 원래 '돌. jpg'는 좌측 상단에서부터 빛이 떨어지고 있었습니다. 하지만 우리가 만들고 있는 아트워크는 우측 상단에서 빛이 떨어지고 있으므로, '돌.jpg' 파일을 좌우 반전해 빛의 방향을 최대한 일치시켜 주겠습니다. 상단 메뉴 바에서 [편집] > [변형] > [가로로 뒤집기]를 선택합니다.
합성에 있어서 가장 중요한 요소는 자연스러움이며, 자연스러운 합성에 있어서 가장 중요한 요소는 빛입니다. 자연스러운 빛의 표현을 위해 빛의 방향을 잘 이해할 필요가 있습니다.

적절한 위치에 돌을 배치했다면 나무와 마찬가지로 주변 배경을 지워주겠습니다. 돌만 가져올 것이 아니라 주변의 흙이나 풀도 조금씩 같이 가져오면 자연스러운 합성에 도움이 됩니다.

돌 누끼를 적절한 위치로 이동시켜 배치합니다. 화면 구석 부분에서 실쩍 튀이니은 느낌으로 배치했습니다.

나무를 합성할 때와 마찬가지로 경계면을 [흐림 도구]로 부드럽게 뭉개고, 조정 레이어를 활용한 보정도 진행합니다. 더욱 자연스럽게 숲속에 바위가 녹아들었습니다.

통나무 다리 이어주기

숲길의 좌우가 단절되어 있으니 외롭고 쓸쓸해 보입니다. 계곡을 건널 수 있도록 통나무 다리가 배치되어 있으면 조금 더 따뜻한 이미지를 만들 수 있을 것 같네요.

숲 이미지 자체가 오래된 자연림의 형태이므로 이에 걸맞게 적당히 삭아 흩어진 흔적이 있는 나무 이미지를 가져오겠습니다.

▲ 목재.jpg

목재 이미지를 불러와 적당한 형상으로 영역을 지정하고 복제합니다.

복제한 목재의 누끼를 적당한 위치에 통나무 다리 형태로 배치합니다.

주변의 다른 나무에 비해 혼자서 밝은 갈색 톤이 너무 진합니다. '색조/채도' 조정 레이어를 추가하여 주변의 풍경과 마찬가지로 이끼가 조금씩 덮이기 시작하는 색으로 톤을 변경합니다.

이어 통나무 다리의 양쪽 끝을 조금씩 지워가며 자연스럽게 만듭니다. [흐림 도구]를 사용해 윤곽을 다듬는 것도 좋습니다.

안개 추가하기

꿈속에 나올법한 숲의 형태와 구도 자체는 완성된 것 같네요. 여기에 신비한 분위기를 더해 아름다운 아트워크를 제작해 보겠습니다.

신비함을 연출할 수 있는 클리셰적인 장치는 굉장히 다양합니다만, 축축한 숲의 모습과 어울리는 안개를 활용해보면 좋겠습니다. 적당한 색감과 톤이 어우러진 소스를 찾다 보니 안개가 아닌 구름 이미지를 발견했습니다. 이 구름을 안개처럼 활용하겠습니다.

▲ 안개.jpg

구름 이미지를 숲 이미지 위에 올려두고 [스크린] 모드로 혼합합니다. 그리고 구름 이미지를 살짝 지워나가면서 숲에 자욱하게 내려앉은 안개 분위기를 연출합니다. [지우개 도구]를 사용해도 좋지만, 이 경우 원본 이미지가 훼손되므로 별로 추천하고 싶지 않습니다. [클리핑 마스크]를 활용해 마스크 레이어에서 편집하면 원본 이미지의 정보가 보존되므로, 클리핑 마스크를 활용하는 것을 권장합니다.

점점 더 꿈속에서나 나올법한 숲속의 이미지가 만들어지고 있습니다.

수사슴 삽입하기

꿈속에 나올법한 숲에 신비한 느낌을 풍기는 동물을 한 마리 삽입해 아트워크의 느낌을 더욱 강조하고 싶습니다. 잠시 고민한 끝에 수사슴을 삽입하기로 했습니다. 수사슴의 뿔은 아름다운 나뭇가지를 연상시켜 숲의 이미지와 잘 어울리기도 하고, 행복이나 성공을 상징하기도 하니까요. 꿈은 이왕이면 행복하면 좋잖아요?
신비한 느낌을 극대화하기 위하여 사슴은 실루엣 형상으로 삽입하기로 했습니다. 사슴의 실루엣이 살아있는 이미지를 구해왔습니다.

▲ 사슴.jpg

대략 사슴 주변 영역을 선택해 시간을 아끼고, 사슴을 어디에 어떤 크기로 배치하면 좋을지 고민하는 데 시간을 더 투자하겠습니다.

어느 정도 고민이 끝났습니다. [색상 범위]를 활용해 사슴의 뒷배경을 삭제합니다. 검은색 실루엣과 배경의 노을 진 하늘이 또렷하게 차이가 나므로 [색상 범위]로도 충분히 누끼를 딸 수 있습니다.

사슴을 적당한 위치에 배치한 뒤, Ctrl⁴키를 누른 채로 사슴 레이어의 썸네일을 클릭하겠습니다 사슴의 누끼가 영역으로 선택됩니다 선택 영역을 흰색으로 칠하겠습니다. 자고로 검은색 실루엣보다는 밝고 하얀 빛으로 은은하게 빛나는 실루엣이 훨씬 성스럽고 신비한 느낌을 풍기니 말입니다.

이어 [레이어 스타일]에서 [외부 광선]을 선택하여 마치 사슴에서 흰색 빛이 뿜어져 나오는 듯한 이미지를 연출합니다. 이 정도만 해도 평범한 사슴이 아니라 마치 신성한 영수의 느낌을 연출하는 데에는 충분합니다.

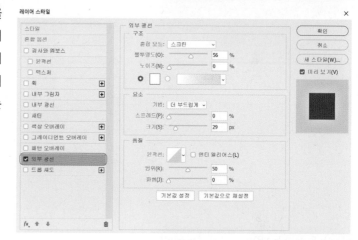

여기서 불투명도를 85% 정도로 낮춰 뒤가 약간 비쳐 보이도록 만들겠습니다. 밝게 빛나면서 뒷부분이 반투명하게 비쳐보이는 수사슴. 신령 같기도 하고 요정 같기도 한 신비한 느낌의 사진이 만들어졌습니다.

---

4   맥OS의 경우 Command

빛줄기 내리는 느낌 주기

이제 형태는 거의 다 잡힌 것 같으므로 빛에 손을 대보겠습니다. 울창한 숲을 뚫고 한 가닥 거대한 빛줄기가 사슴 주변으로 떨어져 내리는 느낌을 줘보겠습니다.

먼저 빛줄기가 지나갈 영역을 제외한 나머지 구역을 영역으로 선택합니다. [펜 도구]로 빛줄기가 떨어질 구역을 선택한 뒤 패스 패널에서 [작업 패스]의 썸네일을 Ctrl키를 누른 채 클릭합니다. 그런 다음 [선택 영역 반전]을 실행해도 좋고, 먼저 한 곳을 선택 영역으로 잡은 뒤에 Alt키를 누른 채로 다른 구역을 영역으로 선택해도 좋습니다.

영역이 선택된 상태에서 '노출' 조정 레이어를 추가해 [노출]과 [오프셋]을 조금 낮춰 어둡게 만들어줍니다.

빛이 떨어지는 영역을 밝게 만드는 것이
아니라 빛이 떨어지지 않는 영역을 어둡
게 만들었습니다. 주변이 더욱 어두워지
므로 빽빽한 숲의 이미지를 강조할 수 있
으며, 억지스럽지 않게 빛줄기를 구현할
수 있게 되었습니다.

[가우시안 흐림 효과]를 적용하여 날카로
운 빛줄기의 경계면을 부드럽게 만듭니
다. [흐림 도구]를 사용해도 좋습니다.

안갯속을 떠다니는
별빛 느낌 더하기

숲에 내려앉은 안개 위로 별빛이 떠다닐 수는 없지요. 지상의 공간 위에 별빛을 합성하면 신비하고 환상적인 이미지를 더할 수 있습니다.
하늘이나 별 이미지는 비교적 쉽게 구할 수 있습니다. 그런데 이 사진을 공개한 사람의 취향에 따라 색감이 보정되어 있을 것입니다. 꿈속의 신비한 숲을 표현하기 위해 약간의 보랏빛이 돌면 좋겠다는 생각이 들어 보랏빛으로 보정된 별 사진을 구해왔습니다.

▲ 별.jpg

별 이미지를 레이어 위에 얹고 [혼합 모드]의 [소프트 라이트]를 적용합니다. [소프트 라이트]로 은은하게 별빛을 수놓고 나니 보랏빛이 조금 더 강하면 좋겠다는 생각이 드네요.

'포토 필터' 조정 레이어를 적용해 보랏빛(#960DDD)을 조금 더 추가해보겠습니다.

추가로 여러분이 원하는 방식으로 보정해서 아트워크를 완성해봅시다.

Designer's Advise!

마치 마인드맵을 그리듯 하나의 이미지에서 출발하여 여러 가지 요소를 더하면서 아트워크를 만들었습니다. 제각기 다른 오브젝트를 담고 있지만 공통점을 담고 있는 사진들을 활용해 통일성 있게 한 곳으로 합성하며, 처음 떠올렸던 영감을 흐트러지지 않게 구현하는 과정을 함께 체험해봤습니다.

포토샵은 분명 편집이나 합성을 위한 용도로 사용하기에 최고의 도구입니다. 하지만 포토샵을 활용해 이처럼 아트워크를 제작할 수도 있다는 사실을 알려드리고 싶었습니다.

포토샵은 훌륭한 도구입니다. 하지만 결국 도구에 지나지 않습니다. 남들이 이 도구를 어떻게 사용하는지보다는, 이리도 훌륭한 도구를 활용해 어떻게 여러분의 머릿속의 인사이트를 눈에 보이는 형태로 구현하면 좋을지를 고민해봐도 좋겠습니다.

이상으로 마지막 실습을 마치겠습니다.

선배가 알려주는
포트폴리오 관리 노하우

안녕하세요, 여러분!
저자 정규민 인사드립니다.

먼 길을 따라오시느라 고생 많으셨습니다. 지금까지 알려드린 내용들은 다른 포토샵 책의 구성과는 조금 달랐을 거예요. 제가 실전에서 시행착오를 겪으며 느꼈던 점들이나, 어느새 갖게 된 저만의 노하우를 전수해드리기 위해 많은 시간 고민했습니다. 부디 이 책이 여러분께 조금이나마 도움이 되셨기를 바랍니다.

여러분만의 아트워크를 만들어 볼 생각에 두근거리지 않나요? 시간과 노력을 들여 만든 아트워크는 나의 분신과도 같은 존재입니다. 이런 작품을 모두에게 선보이고, 자랑하고, 칭찬받고 싶을 것도 같습니다. 디자이너나 예술가는 자기 표현물을 타인에게 선보이고, 그들이 되돌려주는 반응을 먹고 사는 사람들이니까요.

여러분의 작품을 보다 효율적이고 체계적으로 관리하면서도 여러 사람에게 뽐내려면 포트폴리오를 제작하는 것이 효과적입니다. SNS 계정을 만들어 꾸준히 작품을 업로드하는 것도 포트폴리오이며, 별도의 웹페이지를 만들어 여러분의 작품을 전시해 둘 수도 있겠지요.

부록에서는 여러분에게 포트폴리오를 쉽고 간편하게 만들고 관리하는 노하우를 전수해 드리려고 합니다.

01 Behance

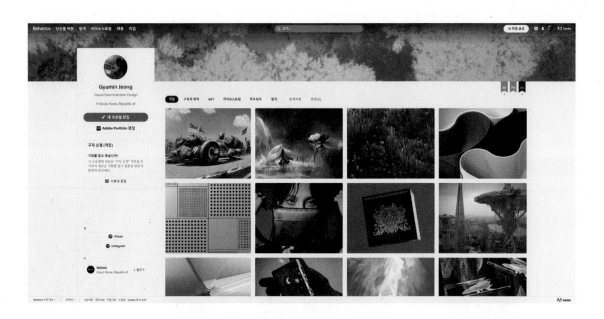

비핸스(https://www.behance.net)는 어도비(Adobe) 사에서 만든 포트폴리오 사이트입니다. 디자이너 중에 어도비 사의 제품을 사용하지 않는 사람은 없잖아요? 그래서인지 국내는 물론 전 세계의 디자이너들이 작품을 공유하며,

서로의 디자인 영감을 나누는 교류의 장으로서 기능하고 있습니다.

주로 해외 시용지기 더 많다 보니 영어로 게시물을 작성하는 것이 좋습니다.

이미지, 텍스트, 포토 그리드, 비디오 및 오디오 등 온갖 형태의 디자인 작업물을 공유할 수 있으므로 가장 추천하는 플랫폼입니다.

02   Notefolio

노트폴리오(https://notefolio.net)는 K-비핸스라고 생각해도 좋습니다. 한국 디자이너들이 주로 활용하고, 한국 기업들도 자주 살펴봅니다. 외주용역 알선 플랫폼인 라우드소싱과 함께하는 플랫폼이다 보니 포트폴리오를 보고 외주 문의가 들어오기도 합니다.

03 인스타그램

인스타그램은 설명이 불필요한 디자이너의 명함입니다. 텍스트 설명보다는 이미지 위주로 구성된 플랫폼이며, 해시태그만 잘 부착한다면 전혀 생각지도 못한 다른 국가의 사람들에게 갑작스레 노출될 수도 있습니다.

▲ 인스타그램

04 포트폴리오를 관리하는 노하우

디자이너의 포트폴리오란 '더 많은 사람이 내 작품을 볼 수 있도록 도와주는 도구'입니다. 따라서 여러분의 생각이나 기준을 너무 강요하기보다는 작품을 봐줄 불특정 다수의 입장에서 감상하기 편한 순서와 형태로 작품을 업로드하는 것이 중요합니다.

그리고 작품을 업로드할 때, 결과물만 덜렁 올려두면 안 됩니다. 처음에 이 작업을 왜 시작하게 되었는지, 작업 과정에서 어떤 방식의 사고의 흐름이 있었는지, 그리고 왜 여러분의 사상을 그러한 방법으로 구현해냈는지에 대한 친절한 설명이 필요합니다.

여러분의 작품이 가지는 설득력과 호소력은 물론, 여러분이 어떤 방식으로 작품을 구체화해나갔는지를 업계에서도 굉장히 중요하게 바라보기 때문입니다. 생각이 흘러간 궤적, 그것을 현실로 만들어가는 과정을 모두 소개할 수 있다면 그것이 최고의 포트폴리오입니다.

그리고 작업 결과물이 관심사가 맞는 사람들에게 많이 노출될 수 있도록 해시태그를 달아주는 것도 포인트입니다. 포트폴리오는 분명 여러분의 작품을 공개적으로 선보이는 자리이긴 합니다만, 전시회나 경매장과는 성격이 또 다릅니다. 수준이 부족한 작품까지 무더기로 올리는 것은 여러분의 평판을 떨어뜨리겠지만, 반대로 너무 완벽한 작품만 공개하려고 애쓰는 것도 성장에 도움이 되지는 않습니다.

여러분이 주기적으로 작업물을 업로드하는 것만으로도 포트폴리오는 일종의 일기장이자 작업 일지가 될 것입니다. 이를 의식하다 보면 여러분이 평상시에 디자인 작업을 할 때도 '아, 이거 남들이 보면 이렇게 생각할 것 같은데?'라는 생각을 떠올리게 될 것입니다. 장시간 작업을 하다 보면 나만의 시야에 매몰되기 쉽습니다만, 중간중간 이렇게 주의를 환기할 동기가 생긴다는 것 자체가 무척이나 큰 기회입니다.

마지막으로 여러분의 포트폴리오가 이를 감상하는 누군가에게 영감을 줄 수 있으면 좋겠습니다.

여러분이 추구하는 미적 기준이 있을 것입니다. 누군가는 오묘한 색감이 섞이는 과정을 즐길 것이며, 누군가는 빛과 빛이 겹쳐지며 만들어지는 찰나의 순간에 관심이 있을 것입니다. 여러분의 포트폴리오가 여러분의 심미적 지향점을 통일감 있게 선보일 수 있다면 가장 좋겠습니다.

예를 들어 이말년 작가님의 그림은 누가 봐도 '아, 이말년이 그린 그림이구나.'라는 것을 바로 알 수 있습니다. 무척이나 지향점이 잘 압축된 포트폴리오라고 할 수 있겠지요.

마찬가지로, 훗날 누군가 여러분의 포트폴리오를 봤을 때 '아, 이런 스타일의 작품이 많은 것을 보니 이 포트폴리오는 누구누구의 것이겠구나.'라는 인상을 바로 떠올릴 수 있다면 더할 나위 없이 좋습니다.

이 책의 독자 여러분에게 하나라도 더 도움이 될 만한 정보를 드리려다 보니 이야기가 길어졌네요. 이만 물러나겠습니다. 감사합니다.

저자 정규민, 반병현 드림